APRESENTANDO

NIETZSCHE

Texto: Laurence Gane
Desenhos: Piero

Relume Dumará

Título original: Introducing Nietzsche

Rua Nova Jerusalém, 345 - Bonsucesso
CEP 21042-230 - Rio de Janeiro, RJ
Tel.: (21)3882-8200 - Fax (21)3882-8213
E-mail: livros@ediouro.com.br
Internet: www.ediouro.com.br

A Relume Dumará é uma empresa Ediouro Publicações

EDIÇÃO BRASILEIRA

Tradução
José Gradel

Capa
Velso Ribas

Revisão
Argemiro de Figueiredo

Diagramação e Arte final
Celso Gregório

CIP-BRASIL. CATALOGAÇÃO-NA-FONTE
SINDICATO NACIONAL DOS EDITORES DE LIVROS, RJ

M98k Gane, Laurence
Apresentando Nietzsche / Laurence Gane, Piero ; tradução de José Gradel. – Rio de Janeiro : Relume Dumará, 2006

Tradução de: Introducing Nietzsche
Inclui índice remissivo
ISBN 978-85-7316-514-2

1. Nietzsche, Friedrich Wilhelm, 1856-1939 2. Filosofia. 3.Caricaturas e desenhos 4. Piero I. Título.

CDD 928.318
07-990 CDU 929:657

À frente do panteão intelectual do século XIX estão as figuras de **Karl Marx** (1818-1883), **Sigmund Freud** (1856-1939) e **Friedrich Nietzsche** (1844-1900). A crítica de Marx ao sistema socioeconômico e a análise de Freud da vida psicossexual foram bem assimiladas no século XX. As idéias de Nietzsche, no entanto, permanecem no horizonte da consciência moderna: um desafio perturbador, até mesmo assustador, que ele sabia que não seria debatido durante a sua existência. "Imagine um livro que só fala de eventos que estão fora do alcance da maioria ou até mesmo de raras experiências — a primeira linguagem para uma nova ordem de experiências. Nesse caso, **nada será ouvido!**"

Hoje, mais de cem anos depois, estamos lentamente tomando consciência das profundas mudanças vaticinadas por Nietzsche em nossa relação com a verdade, a ciência e a moral.

Primeiros anos

No dia 15 de outubro de 1844, em Röcken, na Saxônia, o pastor luterano foi abençoado com o nascimento de seu primeiro filho, Friedrich Wilhelm Nietzsche. A família dizia-se descendente da aristocracia polonesa e tinha produzido muitas gerações de clérigos.

O pai de Nietzsche morreu de comoção cerebral depois de uma queda, quando o menino tinha apenas cinco anos de idade. No ano seguinte, a família mudou-se para Naumburg. Nietzsche era introspectivo e amava a poesia e a música. Na escola chamavam-no de "o pequeno pastor", e em casa ele morava com a mãe, a irmã, a avó e duas tias. Uma experiência de formação, como veremos!

Em 1858, com 14 anos, Nietzsche ganhou uma bolsa de estudos na famosa Escola de Pforta, perto de Naumburg, um colégio interno luterano muito rigoroso e com alto status acadêmico, onde adquiriu o amor pelos estudos clássicos. Ele distinguiu-se em grego e latim e dedicou-se a Platão e Ésquilo.

Quando deixou Pforta, em 1864, ainda não havia sinais das mudanças que ocorreriam no seu pensamento: ele agradeceu a seus mestres e declarou sua dívida de gratidão "a Deus e ao rei".

Em outubro de 1864, com vinte anos de idade, Nietzsche ingressou na Universidade de Bonn para estudar teologia e filologia (a análise literária de textos clássicos). Logo renunciou à teologia. Explicou isso numa carta à irmã mais jovem, Elizabeth.

No ano seguinte, mudou-se para Leipzig para seguir seu professor favorito, Ritschl, que assumira um cargo de professor na universidade.

Schopenhauer: a negação da vida

Em Leipzig, num sebo, Nietzsche descobriu *O mundo como vontade e representação*, do filósofo idealista alemão Arthur Schopenhauer (1788-1860), cujo ateísmo ecoaria através de seus próprios textos.

Para Schopenhauer, como para seu grande predecessor Immanuel Kant, existe uma distinção fundamental entre o mundo como ele aparece (**phenomena**) e o mundo como ele verdadeiramente é (**noumena**).

Todas as aparências são meras manifestações físicas de uma realidade subjacente, que para Schopenhauer é a VONTADE.

Essa força cósmica não-física e eterna não leva Schopenhauer à idéia de um Deus. Em vez disso, a Vontade é vista como a fonte de todo sofrimento, pois o querer nunca traz contentamento, mas apenas mais desejo! (Um eco dos ensinamentos de Gautama Buda.) Assim, estamos condenados à perseguição sem fim de desejos impossíveis: "Sopramos uma bolha de sabão tanto quanto é possível, ainda que saibamos que ela vai estourar."

Isso sugere uma resignação pessimista para suportar a vida da melhor forma possível. Ainda que Nietzsche mais tarde rejeite esse profundo pessimismo, a imagem de Schopenhauer, ateísta e sombria, de um universo movido pela Vontade cega sem nenhum sentido definitivo ou consolo, ficou com ele.

O acadêmico como antiacadêmico

Em 1867, Nietzsche foi afastado dos estudos para prestar o serviço militar no exército prussiano. Servindo em um regimento de artilharia, sofreu um ferimento grave no peito quando montava um cavalo. Desde a infância, sua saúde nunca foi boa, e declinaria francamente no futuro. Enquanto convalescia, começou a pensar no modo de vida acadêmico e na filologia em particular. Em uma carta ao amigo Erwin Rhode, de 20 de novembro de 1867, ele escreve sobre "...as atividades de toupeira da ninhada filológica... sua indiferença diante dos verdadeiros e urgentes problemas da vida".

"No acadêmico, o instinto de autodefesa se deteriorou; de outra forma, ele se defenderia contra os livros. O acadêmico é um decadente."

"Todo texto é inútil se não contém um estímulo à **atividade**."

Enquanto isso, os primeiros ensaios de Nietzsche sobre a cultura grega clássica, publicados no *Rheinisches Museum*, chamaram a atenção das autoridades da Universidade da Basiléia. No ano seguinte, 1868, o professor Ritschl recebeu uma carta daquela universidade perguntando se ele acreditava que Herr Nietzsche daria um bom professor de Filologia.

Seus professores em Leipzig decidiram dar-lhe o título sem um exame final. Claramente esse estudante estava possuído por uma rara capacidade intelectual.

Na Basiléia, onde ensinou pelos dez anos seguintes, Nietzsche tornou-se cada vez mais desiludido com a vida acadêmica. Isso, somado à sua saúde deteriorada, levou à sua renúncia em 1879, com a idade de 34 anos. “Nenhuma verdade completamente radical é possível” (na vida acadêmica).

O nascimento da tragédia a partir o espírito da música

Quando o seu primeiro livro, *O nascimento da tragédia*, foi publicado em 1872, serviu apenas para distanciá-lo da instituição acadêmica. A única resenha sobre ele comentava: "Qualquer um que escreva um trabalho desse tipo está execrado como estudioso."

É fácil perceber por que o livro foi desprezado e desprezado por seus colegas, já que ele solapa a tradicional divisão entre o **discurso** filosófico racional e a **expressão** artística criativa, tão querida para a tradição intelectual ocidental. Esse trabalho maravilhosamente ambicioso busca explicar...

1. *A origem da tragédia clássica grega.*
2. *A dicotomia fundamental no pensamento e na cultura humana entre experiência racional e estética.*
3. *Por que a forma de vida estética é fundamental e a racional é secundária.*
4. *Por que a cultura moderna está doente e como ela deve ser revivida.*

Ele alcança seus objetivos usando argumentos, metáforas, anedotas, exortações, retórica e licença poética, e mostra por que é o "filósofo problema" para os acadêmicos: Nietzsche não limita seu estilo à expressão racional ortodoxa! Em vez disso, chocalha a jaula de ferro da linguagem e, como o poeta Schiller, acredita que "uma certa disposição musical da mente vem primeiro, e depois chega a idéia poética".

Apolo e Dionísio

Dionísio, o deus grego do vinho, da orgia e da sensualidade, representa o "homem primário". Os seguidores desse culto deixam de lado a linguagem e a identidade pessoal para entrar em uma dança extática. A música e a intoxicação são seus meios, e seu fim é o "êxtase coletivo místico".

Eurípides
dramaturgo grego
(484–407 a.C.)

Essa condição de transe nos protege brevemente do nosso sentido de isolamento e da natureza transitória da vida humana, da qual nossa *intuição* não nos permite escapar.

Nietzsche recorda a velha lenda na qual o rei Midas procura Sileno, o companheiro constante de Dionísio, e lhe pergunta: "Qual é a maior felicidade do homem?" O demônio permanece mal-humorado e sem se comunicar, até que finalmente, forçado pelo rei, solta um riso agudo.

Como a cultura helênica suportou essas terríveis verdades? Com a ajuda de outro deus: **Apolo**.

Apolo, o Sol, deus da ordem e da razão, incorporado no sonho da **Ilusão**, representa o homem civilizado. O culto apolíneo gera otimismo. Sua insistência na forma, na beleza visual e na compreensão racional ajuda a fortificar-nos contra o terror dionisíaco e o frenesi irracional que ele produz. "Para serem capazes de viver, os gregos deviam colocar diante de si mesmos a brilhante fantasia do Olimpo", com Apolo como seu maior deus. Autocontrole, autoconhecimento e moderação: "o caminho do meio" do filósofo **Aristóteles** (385-322 a.C.).

Música, a origem do mito

Os conceitos, as imagens e os sentimentos ganham um significado mais elevado sob a influência da música.

A música, portanto, pode dar à luz o mito, “e sobretudo o mito trágico, que é uma parábola do conhecimento dionisíaco”.

Música e tragédia

Nietzsche chama de tragédia uma "nova forma de consciência **estética**" para indicar que a trágica visão da vida não é apenas um modo de pensar sobre o mundo, mas primeiramente um modo de **perceber** o mundo, e somente a **música** pode levar-nos a essa percepção.

Somente através da música podemos enfrentar a terrível mensagem de Sileno. Se a tragédia clássica grega tem menos impacto sobre nós hoje em dia, é porque nós a experimentamos somente como uma peça de teatro. A música que a acompanhava se perdeu.

O triunfo da filosofia apolínea

Essa visão fundamentalmente estética do mundo primitivo de Dionísio é suprimida pela cultura helênica posterior, que culmina em **Sócrates** (469-399 a.C.).

Não é surpresa que Nietzsche nos diga que a consciência moderna é doente: "A arte é reduzida a **mero divertimento** e governada por conceitos vazios." O espírito dionisíaco é reprimido (Freud terá, mais tarde, algo que dizer sobre "repressão") e permanecemos separados da intuição sensual e da verdade espiritual. O mito trágico se perdeu.

O caso Richard Wagner

Nietzsche encontrou o melhor exemplo contemporâneo da visão trágica nas óperas de seu amigo **Richard Wagner** (1813-1883), o qual, com as idéias de Schopenhauer, atuaria como uma caixa de som para sua própria filosofia por anos a fio. (Finalmente, ele rejeitaria ambos.)

Nos seus primeiros anos na Basiléia, Nietzsche tornou-se amigo íntimo de Wagner e de sua talentosa esposa Cosima, a quem visitara primeiro em sua casa de Tribschen em 1869.

No começo, Nietzsche apoiou totalmente o ideal de Wagner de um teatro nacional das artes em Bayreuth e devotou muito tempo e energia ao projeto. Seu ensaio *Richard Wagner em Bayreuth* (1870?) anuncia a nova síntese Drama-Música de Wagner como o renascimento da idade de ouro da arte grega — o salvador da cultura alemã. Mas, como Nietzsche descobriu mais tarde, ele leu na obra de Wagner seu **próprio** ideal de arte e música.

Wagner se considerava um revolucionário político e sexual, mas seu socialismo otimista não pôde resistir à filosofia profundamente pessimista de Shopenhauer.

Quando seu maior trabalho, *O anel dos nibelungos*, estreou no teatro Bayreuth em agosto de 1876, Nietzsche estava desanimado.

Na realidade será Nietzsche, e não Wagner, que criará o maior terremoto no pensamento de nosso tempo.

Com a aparição de *Parsifal,* de Wagner, em 1877, o divórcio de Nietzsche e seu velho amigo estava quase completo, pois nessa ópera Wagner adota o simbolismo religioso, e o sangue de Cristo redime o mundo!

Nietzsche estava começando a se distanciar do pessimismo de Schopenhauer. Wagner, ao contrário, "estava preso na rocha da filosofia de Schopenhauer" — seu pessimismo e resignação —, além de um cristianismo decadente. Isso parecia inegável: numa carta a **Franz Liszt** (1811-1886), Wagner diz...

Como veremos, Schopenhauer, Wagner e o cristianismo se tornarão sinônimos, para Nietzsche, de decadência, debilidade, niilismo e negação da vida. Os assim chamados instintos de piedade e auto-sacrifício tornam-se "o maior perigo para a humanidade, sua mais sublime tentação e sedução — sedução do quê? Do nada... **a Vontade voltando-se contra a vida"**.

O rompimento com Wagner foi muito doloroso para Nietzsche: "Não terei os dias que passei em Tribschen (com ele) — esses dias de confidência, de alegria, de lampejos sublimes e de momentos profundos — eclipsados de minha vida a nenhum preço."

E, no entanto, finalmente...

Esse crescente sentimento de isolamento, com um firme declínio em sua saúde (dores de cabeça constantes, a vista falhando), requeria períodos regulares de descanso e recuperação — curas em estações de água, viagens às montanhas — voltando sempre à Basiléia para ensinar no período de aulas.

Em 1875 ele ficou amigo de um jovem músico, Heinrich Kösehtz — a quem passou a chamar de *Peter Gast* (*Gast* em alemão significa visitante, companhia) —, que escrevia o que ele ditava e ajudava a copiar seus manuscritos.

O que é História?

Os primeiros trabalhos de Nietzsche tinham sido até então caracterizados pela rejeição do enfoque escolástico e racional da filosofia pós-socrática, em favor da paixão libidinosa e intuitiva da arte dionisíaca — uma visão da condição humana estética e defensora da vida. No entanto, com a publicação de *Humano, demasiado humano* (1878), vemos um aspecto mais crítico e destacado emergindo no pensamento de Nietzsche.

Aqui, a pergunta "O que é História?" recebe uma análise oportuna, refletindo sobre o sucesso militar prussiano na Europa na década de 1870.

Em 1870, Nietzsche serviu brevemente na guerra franco-prussiana como enfermeiro voluntário, mas contraiu disenteria e difteria, e precisou de uma longa convalescença. Rejeitou totalmente o fervor patriótico do "Segundo Reich" prussiano, visto como um triunfo dos ideais culturais alemães nessa guerra.

"Nós modernos não temos uma cultura para chamar de própria. Estamos cheios de artes, filosofias, religiões, ciências e costumes estrangeiros: somos enciclopédias ambulantes." (*O uso e abuso da História*).
A questão é **assimilar** o passado, usando-o para fazer nossa própria vida e cultura. A História é um peso morto para o presente.

O que é educação?

A educação nos dá muitas informações **sobre** a cultura; seu produto é a assim chamada pessoa educada, que possui um excesso de história e não pode viver uma vida autêntica por si mesma. A educação insiste no **detalhe apurado** e na "**objetividade**" **fria**, que servem apenas para paralisar o projeto do indivíduo de auto-realização e atuação no mundo.

Se quisermos produzir uma cultura vital autêntica, teremos de ser **menos** educados (no sentido tradicional).

O que é cultura?

A cultura, as crenças e valores que caracterizam qualquer grupo ou classe não podem ser criadas apenas pela educação. Os maiores povos algumas vezes produzem um **gênio**, mas esse raro evento ocorre mais freqüentemente em culturas onde o Estado está menos imiscuído na educação de seus súditos.

Na verdade, "todos os grandes períodos culturais foram períodos de declínio político". A energia requerida pela política em larga escala, ou pela economia, ou pelo comércio universal, ou pelo parlamentarismo, ou pelo interesse militar, freqüentemente **reduz** o nível de cultura de um povo.

E como se poderia melhorar a terrível condição da cultura alemã? Ironicamente, por aqueles que manifestam um saudável desrespeito pelo *status quo*, ou seja, a juventude da nação. “No começo eles serão mais ignorantes do que os homens educados do presente, pois terão **desaprendido** muito e perderão qualquer desejo, até mesmo de discutir aquilo que aqueles homens educados querem especialmente saber: na verdade, a característica que os distingue, do ponto de vista educado, será exatamente sua falta de ciência (conhecimento), sua indiferença e inacessibilidade a todas as coisas boas e famosas.”

Essa indiferença perante a história e a educação vai finalmente criar uma cultura genuinamente vital. “Ao final da cura eles serão homens outra vez e deixarão de ser meras sombras de humanidades.”

Nietzsche, é claro, estava passando por essa "cura" também, pois só assim ele poderia ter esperança de alcançar a crítica radical daquelas "boas e famosas coisas" que revolucionariam nossa visão moderna do conhecimento, da moral e da psicologia humana. Esse questionamento da cultura nos daria a sua única mensagem teleológica*.

Assim, colocamos na cápsula do tempo os maiores tesouros de nossa arte e conhecimento, com nossa mensagem para o futuro: se existe valor na vida dos humanos, ele repousa no maior dos trabalhos culturais — os raros frutos do gênio.

*__Teleologia__: a teoria de que os processos e eventos estão relacionados com fins e metas definitivos.

Uma crítica da metafísica

Se a cultura é nossa meta mais importante, poderíamos perguntar o que acontece com as teorias metafísicas que especulam sobre a natureza fundamental da realidade usando apenas a razão. "É verdade, **poderia** haver um mundo metafísico; a possibilidade absoluta disso dificilmente pode ser discutida. Observamos todas as coisas pela cabeça humana e não podemos decepar essa cabeça; mas a questão permanece: o que restaria do mundo se a cabeça tivesse sido decepada?" *Humano, demasiado humano.*

Teorias que tentam responder a essa questão estão simplesmente fora do escopo da investigação humana. Historicamente, essa questão sempre exerceu um fascínio sobre os filósofos, mas o que ganhamos ao aceitar a existência de uma dimensão metafísica?

E por quê? Porque somos habitantes de um mundo físico: somente ali nossos pensamentos e desejos têm alguma aplicação. É nesse mundo de ação humana que as introspecções críticas de Nietzsche terão o maior impacto no pensamento de nosso tempo.

O idealismo de Kant

Aqui, Nietzsche discorda de **Immanuel Kant** (1724-1804), provavelmente o maior dos filósofos idealistas alemães. Kant sintetiza a tradição do pensamento voltando para Platão, que busca o conhecimento das verdades finais além dos confins de nossa experiência diária: uma realidade subjacente, eterna (como a idéia de Vontade de Schopenhauer). Essa concepção da verdade quer transcender os fatos particulares de qualquer cultura ou indivíduo, e até mesmo a própria história. Kant descreve esse domínio da verdade eterna como **noumena** ou "coisas-em-si-mesmas", opondo-se a **phenomena** ou "coisas-como-elas-aparecem" para nós através de nossos sentidos.

Os óculos de Kant

Como estamos confinados ao uso da razão e da percepção sensorial, não podemos conhecer o mundo numenal. No entanto, Kant ainda insiste que tal mundo existe. Ele pensa que estamos excluídos dele por nossos sentidos que, como óculos com lentes rosadas, mostram tudo para nós sob várias "categorias" fixas — tempo, espaço, causalidade — das quais não podemos escapar.

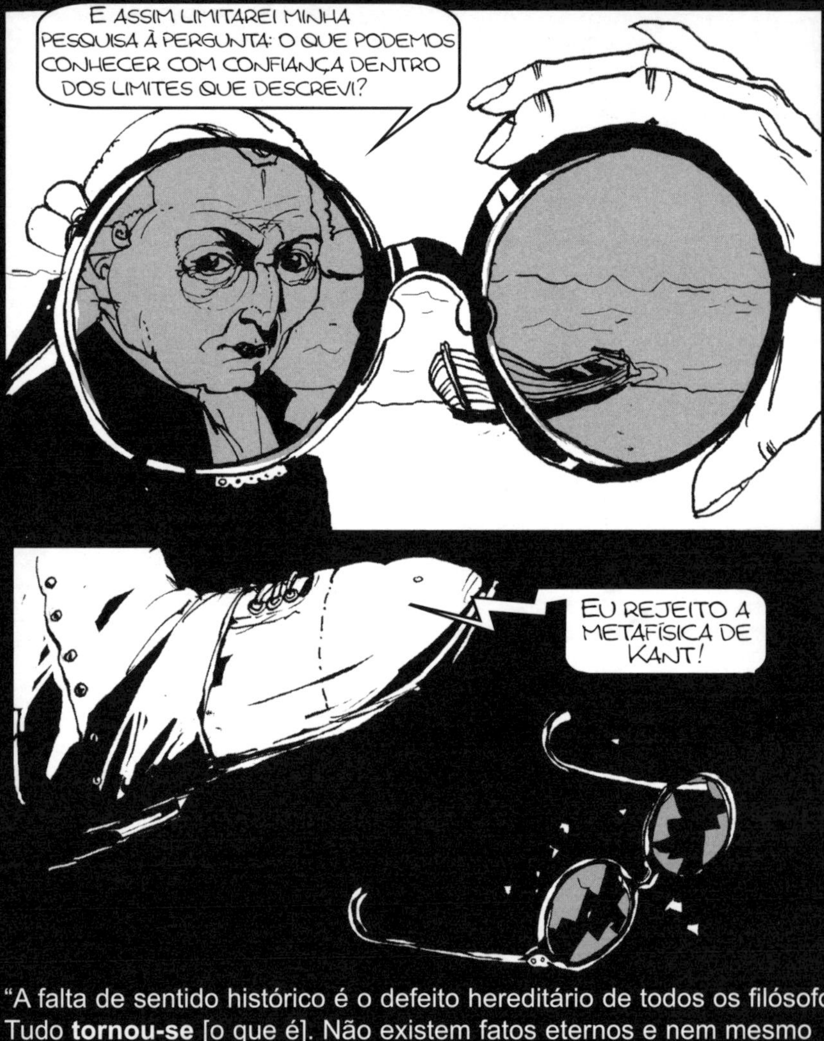

"A falta de sentido histórico é o defeito hereditário de todos os filósofos... Tudo **tornou-se** [o que é]. Não existem fatos eternos e nem mesmo verdades eternas. Assim, o que é necessário de agora em diante é um filosofar **histórico**, e com ele a virtude da modéstia." *Humano, demasiado humano.*

Moral kantiana: você sabe que faz sentido

O que separa Nietzsche de Kant é a crença no **Tornar-se**. A necessidade de um universo fixo e eterno não faz nenhum sentido: é simplesmente "o ressentimento dos metafísicos contra o real". (Essa idéia de **Tornar-se** criará mais tarde a máxima de Nietzsche: "Torne-se o que você é" — o notório símbolo do "Super-homem".)

Kant oferece mais uma afronta em sua filosofia moral, que formula o famoso **Imperativo Categórico**.

Nietzsche chama isso de fanatismo moral. Ele mostra o "instinto teológico" de Kant. "O que destrói [uma pessoa] mais rapidamente do que pensar, do que sentir sem uma necessidade interior, sem uma profunda escolha pessoal, sem **alegria** — como uma autômata do 'dever'?"... "Uma virtude deve ser **nossa** invenção, **nossa** mais pessoal defesa e necessidade."

Isso leva Nietzsche à questão fundamental. A moral não pode se basear somente na razão ou, se é assim, então minha razão pode não ser a mesma que a sua...

Finalmente, Nietzsche combinará a questão do conhecimento com o problema da moral — não devemos separá-los. Assim, não perguntamos: "O que podemos *conhecer*?", mas sim: "O que é *bom* que conheçamos?"

O estilo de Nietzsche

Educação, história, cultura e metafísica são apenas alguns dos tópicos analisados em *Humano, demasiado humano*. Nietzsche desenvolve aqui seu estilo aforístico,* caracteristicamente amplo porém comprimido: da ciência e da religião para a música em um único parágrafo! (***Aforismo**: uma curta e bem expressada verdade geral.) Algumas vezes ele é **paradoxal**.

"Aquele que se analisa mais profundamente sabe que, quaisquer que seus atos e julgamentos possam ser, estará sempre errado."

Algumas vezes, **provocativo**.

"Não existe uma harmonia preestabelecida entre o favorecimento da verdade e o bem-estar da humanidade."

Freqüentemente **polêmico**.

"Aquilo que chamamos de mundo é o resultado de uma legião de erros e fantasias que surgiram gradualmente no curso da evolução total da natureza orgânica, entrelaçaram-se uns com os outros e agora são herdados por nós como o tesouro acumulado de todo o passado."

Até mesmo **niilista**.

"A irracionalidade de uma coisa não é argumento contra sua existência, é mais **uma condição dela**."

Aqui, também, ele começa a refletir sobre esses tópicos que serão desenvolvidos mais tarde em *Além do bem e do mal* (1886), *Genealogia da moral* (1887) e *Assim falou Zaratustra* (1883-1885), a saber:

1. As origens da moral e da religião
2. Os limites da ciência
3. A Vontade de poder
4. A natureza da verdade

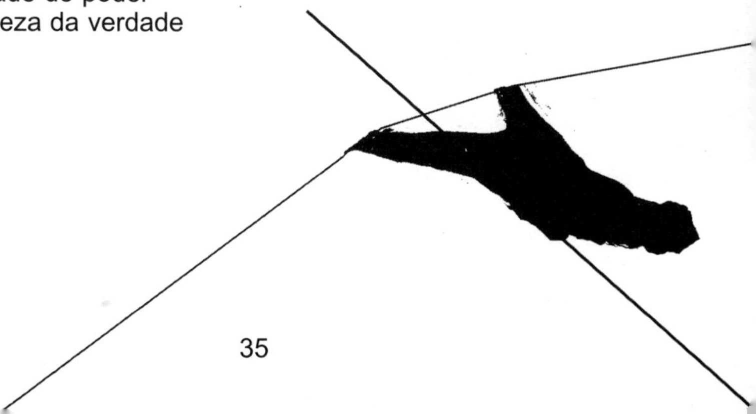

Leveza do toque

A diversidade do pensamento de Nietzsche produziu um estilo literário sintético e rico, freqüentemente usando metáforas, comparações ou parábolas. Ele evitou conscientemente as discussões "em profundidade", que considerava a marca registrada de uma mente acadêmica pedante, trabalhando lentamente ao longo de um caminho estreito, na busca de verdades absolutas e de um sistema total de idéias.

"Considero os problemas profundos como um banho frio: entrar rápido, sair rápido. Dizer que assim não se chega bem ao fundo, que se falha em atingir as profundezas, é a superstição das hidrofobias... Uma coisa realmente permanece ininteligível e desconhecida se é tocada, vista, iluminada simplesmente ao passar por ela? É absolutamente necessário sentar-se nela primeiro, chocá-la como se fosse um ovo? *A gaia ciência* (1887).

Não, um grande pensador possui uma leveza no toque, uma liberdade de espírito. "Assim como as nuvens nos dizem a direção do vento bem acima de nossas cabeças, também os espíritos mais leves e mais livres são, em suas tendências, vaticinadores do tempo que está chegando..."

O aforismo

O "trabalho de formiga" dos acadêmicos cria muitos grossos volumes para o leitor, confirmando para nós a suposição de que, se uma coisa é profunda, também deve ser muito longa. Nietzsche discorda: "Alguma coisa dita concisamente pode ser o fruto de um pensamento muito longo; mas o leitor que é novato nesse campo... vê em tudo dito brevemente alguma coisa embrionária, não sem censurar o autor por ter-lhe servido um alimento tão precoce e imaturo."

"O aforismo, o apotegma, são formas de eternidade; minha ambição é dizer em dez frases o que todos os outros dizem em um livro inteiro — o que todos os outros não dizem em um livro inteiro."

Vamos examinar alguns aforismos em ação. O assunto é "Autores e Leitores".

Sobre Autores

"Nunca mais lerei um autor de quem eu suspeite que **tenha querido** fazer um livro, mas apenas aqueles cujos pensamentos inesperadamente **se transformaram** em um livro."

"Os pensamentos reais de poetas reais sempre andam por aí com um véu, como as mulheres egípcias."

"Pergunta: Por que você escreve? Resposta: Não encontrei outro meio de livrar-me de meus pensamentos."

"De que vale um livro que não nos leva além de todos os livros?"

"Quando seu livro abre a boca, o autor deve fechar a sua."

"Os paradoxos são apenas afirmações que não têm convicção. O autor os faz desejando parecer brilhante, ou enganar, ou sobretudo para fazer pose."

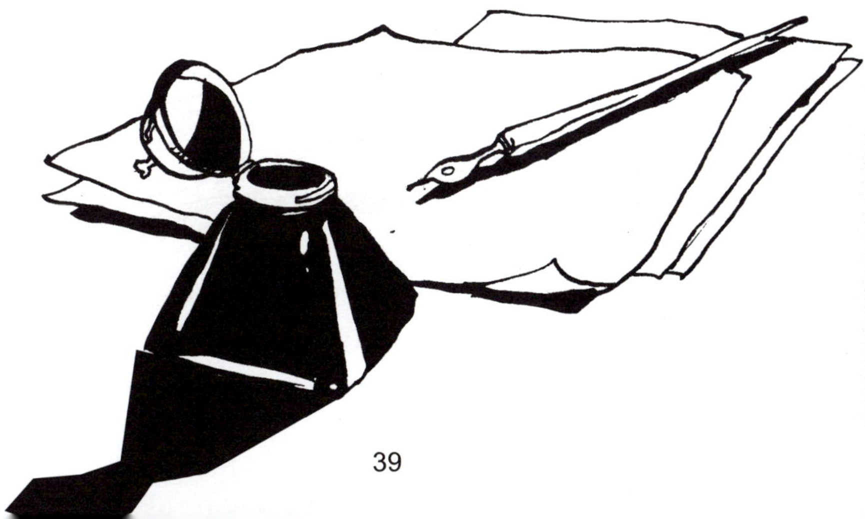

Sobre os leitores

"Um livro melhora com bons leitores e se torna mais claro com bons oponentes."

"Hoje em dia, o texto freqüentemente desaparece sob a interpretação [do leitor]."

"A debilidade da personalidade moderna aparece na desmedida inundação da crítica."

"Ultimamente, ninguém consegue extrair das coisas, livros incluídos, mais do que já sabe. Não se dá ouvido às coisas as quais não se tem acesso pela experiência."

"Alguém observou: 'Posso dizer por minha própria reação a ele que este livro é prejudicial.' Mas deixemo-lo apenas pensar e talvez um dia ele admitirá para si mesmo que este mesmo livro lhe prestou um grande serviço fazendo aflorar a doença escondida em seu coração e fazendo-a visível."

O preço do conhecimento

Com a publicação de *Humano, demasiado humano*, a saúde de Nietzsche se abalou. Perdeu muitos amigos, e um exemplar do livro que enviou a Wagner não foi dado por recebida.

Em outra carta, ele sugere que "pagou tão caro e foi tão duro [escrever o livro] que ninguém que pudesse escolher o teria escrito a qualquer preço".

Como o futuro mostrará, Nietzsche pagou o preço mais alto pelas "paixões da mente". "Se seu destino é pensar, dê a ele divinas honras, e sacrifique o melhor que tenha e o que mais ama." Nos dez anos seguintes, até o princípio do colapso mental que teve fim em 1889, ele perderia muitos amigos próximos, faria inimigos e sofreria uma solidão crescente — tudo isso somado a uma saúde debilitada quase todos os dias.

No ano de 1880 ele visita Marienbad, Heidelberg, Frankfurt, Veneza, Bolzano, Stresa e Gênova, onde passa o inverno. A segunda parte de *Humano, demasiado humano* é publicada como *O andarilho e sua sombra* — um título apropriado para seus últimos anos...

O retorno eterno

Em agosto de 1881, Nietzsche estava em Sils-Maria, na Suíça.

Era a idéia do **Eterno Retorno**. Ficou tão abalado pelo poder e simplicidade dela que a ela retorna (!) muitas vezes em seus textos futuros. É muito próxima da doutrina dos filósofos estóicos gregos, além de ecoar a idéia budista da repetição kármica. O que é o Eterno Retorno?

Podemos realmente achar esse pensamento deprimente, mas ele traz, com nitidez, um consolo metafísico: a morte não é o final. Mesmo que a idéia cristã de um paraíso seja bem mais sedutora para os que buscam a *vida* eterna.

O **Eterno Retorno** dá ênfase ao significado de nossas ações presentes: qualquer coisa que façamos agora voltará para nós, uma e outra vez. Ela sublinha o fato da nossa responsabilidade pessoal sobre essas ações, e encerra uma exortação: lute para ser maior do que você é, para superar-se; o momento presente é tudo, então façamos o melhor com ele e conosco.

Nietzsche e as mulheres

Já se escreveu muito sobre a sexualidade de Nietzsche: ele era homossexual, bissexual, celibatário, odiava as mulheres? O lar de sua infância era formado pela mãe, a avó, duas tias e a irmã Elizabeth, dois anos mais jovem que ele. A morte do pai quando Nietzsche tinha apenas cinco anos deixou-o inteiramente subjugado por mulheres devotadas à sua educação e instrução estrita nos valores cristãos do autocontrole, mansidão, altruísmo etc. Para uma criança com o caráter de Nietzsche, isso deve ter sido difícil de suportar!

Quando estudante, foi pelo menos uma vez a um bordel, onde provavelmente contraiu sífilis. Nunca se casou e teve apenas um caso de amor conhecido.

Em alguns escritos, ele exalta as mulheres.

“As mulheres têm inteligência; os homens têm caráter e paixão.”

“A estupidez em uma mulher não é um traço feminino.”

“Existe um estado mais sagrado do que a gravidez?”

“O remédio mais eficaz para a doença masculina da autodepreciação é o amor de uma mulher sensível.”

Mas seus pontos de vista críticos sobre as mulheres predominavam.

“A mulher é essencialmente intranqüila.”

“Na vingança e no amor, a mulher é mais bárbara que o homem.”
(Ou isso é um elogio?)

“O verdadeiro homem quer duas coisas: perigo e diversão. Portanto ele quer a mulher, o mais perigoso brinquedo.”

“A mulher perfeita corta você em pedacinhos, quando ela o ama.”
(Outro elogio?)

Nietzsche sublinha as **diferenças** entre os sexos.

"A mulher compreende as crianças melhor que o homem, mas o homem é mais infantil que a mulher."

Mas qualquer que fossem as diferenças...

Portanto, podemos dizer que Nietzsche era:

1. Heterossexual.
2. Provavelmente celibatário. (Wagner escreveu para o médico de Nietzsche sugerindo que ele se masturbava muito!)
3. Um grande admirador de certas mulheres as quais sempre achou problemáticas: "O homem é um meio para a mulher: o objetivo é sempre uma criança. Mas o que é a mulher para o homem?" (Até mesmo Freud teve dificuldades com essa questão!)

Embora Nietzsche tenha, sem sucesso, proposto casamento a uma jovem mulher holandesa, Mathilde Trampedach, em 1876, parece que se apaixonou realmente apenas em 1882, por uma jovem russa, Lou Andreas-Salomé (mais tarde amiga íntima de Freud). O psicólogo judeu Paul Rée, amigo de Nietzsche, apresentou-os em Roma, e dois dias depois ele se declarou a ela — novamente sem sucesso! Rée também estava apaixonado por Lou, e por um tempo um *ménage-à-trois* foi possível, mas logo depois Nietzsche perdeu tanto seu amigo como seu amor.

Nesse estado de abandono, ele começou seu trabalho mais conhecido, *Assim falou Zaratustra*, em 1883. A figura de Zaratustra, um andarilho solitário em terras longínquas, é claramente a imagem do próprio Nietzsche.

Lou, evidentemente, era uma mulher notável. Uma fotografia mostra-a conduzindo uma carroça, com Nietzsche e Rée como os cavalos, e ela de chicote na mão! A sugestão de Nietzsche de um casamento contratado não a escandalizou nem um pouco. Mais tarde ela se lembraria de sua primeira impressão de Nietzsche.

A gaia (ou alegre) *ciência* (1887) continua o pensamento de Nietzsche sobre a análise crítica da cultura, que começara em *Humano, demasiado humano*. Aqui suas idéias de ciência, religião e moral exigem nada menos que uma nova orientação da consciência moderna.

As micro histórias da vida diária

Nietzsche começa com um argumento para o estudo dos fenômenos até então "triviais". Ele pede que nos desviemos das grandes histórias do pensamento para aqueles eventos que têm um impacto em nossa *existência diária*, e que ajudam a moldá-la em uma forma cultural particular. "Tudo aquilo que deu cor à existência não teve história até então. Onde está a história do amor, da avareza, da inveja, da consciência, da piedade, da crueldade? Falta até mesmo uma história comparada da justiça, ou apenas da punição."

A pesquisa nos mostrará que existem **morais** mas não "moral" — nenhum reino eterno onde a "bondade" e a "verdade" de um Platão ou de um Cristo possam reinar felizes para sempre. Isso nos levará finalmente para a mais difícil das verdades concernentes à moral em *Além do bem e do mal* (1886): "Não existem fenômenos morais, apenas uma interpretação moral dos fenômenos..."

A virtude é uma virtude?

Por exemplo, consideremos como julgamos uma pessoa **virtuosa**. Uma pessoa virtuosa (isto é, boa) é apreciada pelos outros pelo bem que ela faz *a eles*. As virtudes — obediência, castidade, imparcialidade, diligência etc. — na verdade causarão *dano* à pessoa que as possua! "Se você possui uma virtude... você é vítima dela!" Assim, apreciamos a virtude nos outros porque *tiramos vantagens dela*.

E, no entanto, o poder do conceito de "virtude" continua sem desafiantes — talvez como a idéia da "culpa". "Embora os mais perspicazes juízes de bruxas e até mesmo as próprias bruxas estivessem convencidos de que elas eram culpadas de bruxaria, de fato não existia nenhuma culpa. Assim ocorre com todas as culpas."

O poder do rebanho

Convicções morais, portanto, são sempre **convicções de grupo**, e o grupo é maior que qualquer indivíduo discordante. "Com a moral, o indivíduo só pode dar valor a si mesmo como uma função do rebanho." O rebanho mais tarde se transformará em uma idéia central no pensamento de Nietzsche sobre as origens da moral. A censura e o controle moral somente podem surgir através do consenso social.

Ele representa o poder daqueles que são individualmente fracos mas coletivamente fortes. Suas leis morais os protegerão (eles esperam), assim como os justificarão seu modo de vida.

A morte de Deus

Se as idéias de Nietzsche sobre as origens da moral estão corretas — se as idéias morais são o simples resultado do egoísmo humano e do impulso evolutivo de sobreviver —, então o que podemos dizer da religião, aquela antiga fonte de princípios e mandamentos morais? E o que acontecerá com nossos deuses? "Toda a religião pode ser considerada, por uma época distante, como um exercício e um prelúdio." Aqui encontramos pela primeira vez a idéia da **morte de Deus.**

Os "espíritos livres" entre nós se sentirão alegres com essas notícias: "Nosso coração transborda com gratidão, admiração, pressentimento, expectativa — finalmente o horizonte nos parece livre outra vez, mesmo que não seja brilhante, pelo menos nossos navios poderão zarpar novamente, não importando o perigo; qualquer aventura temerária do conhecimento está permitida outra vez; o mar, *nosso* mar, outra vez está aberto ante nós; talvez nunca houve antes tal 'mar aberto'."

Em *A gaia ciência*, Nietzsche põe a notícia da morte de Deus na boca de um louco. As pessoas não ligam para ele — e no entanto a imagem é impressionante: ele carrega uma lanterna durante a manhã, procurando por todos os lados um Deus que não pode ser encontrado.

Vendo que ninguém acredita nele, o louco reflete com os espectadores: “Cheguei demasiado cedo. Meu tempo ainda não chegou. Este grande evento ainda está a caminho, ainda está viajando; ainda não alcançou os ouvidos do homem... Esta obra ainda está mais distante do homem que a mais longínqua das estrelas — **e no entanto eles mesmos a fizeram**.” Mais tarde naquele dia, ele visita as igrejas da cidade e canta um *requiem aeternam deo*. “O que são essas igrejas agora, senão as tumbas e sepulcros de Deus?”

Vida sem Deus?

Hoje, mais de cem anos depois, ainda estamos nos engalfinhando com as conseqüências da mensagem do louco.

Uma crítica da ciência

Os pensamentos de Nietzsche sobre a investigação científica são tão desafiadores quanto a sua visão sobre a moral e a religião. A ciência, como um "valor absoluto" — como uma "nova religião" para nossa era sem Deus —, é fortemente criticada. A busca do conhecimento *pelo conhecimento* faz tão pouco sentido como a busca da bondade *pela bondade*, e pode ser igualmente nociva.

Se perguntamos "bondade com que fim?", também devemos perguntar *conhecimento com que fim?* O cientista muito freqüentemente se conduz como um servo do conhecimento; em vez disso, deixemos que o conhecimento seja o servo do *homem*.

Se ignorarmos esse aviso, nos tornaremos viciados em conhecimento, com terríveis conseqüências. "O fato de que a ciência, como a praticamos hoje, seja possível prova que os instintos elementares que protegem a vida deixaram de funcionar." Qualquer verdade que ameaça a vida não é nenhuma verdade. **É um erro**.

Os métodos da ciência

Nietzsche lança uma crítica mais radical contra a alegação de que a ciência ela **explica** o mundo.

Como poderíamos ter a esperança de *explicar* o fogo (uma mudança na estrutura molecular?)

A música (uma vibração em um meio gasoso?)

O pensamento (uma mudança no potencial elétrico de um sistema biológico?)

O que conseguimos são descrições de maior e maior complexidade e sofisticação. **Mas não explicamos nada**. Tais fenômenos permanecem tão mágicos para nós hoje como para os mais primitivos seres humanos.

Da descrição à imagem

Temos **imagens** perfeitas de como as coisas se tornam o que são — esperma, ovo, embrião etc. — "mas não conseguimos ir além dessa imagem, ou por trás dela".

Por exemplo, descrevemos uma **causa** produzindo um **efeito**, mas isso é uma dualidade crua, como o filósofo escocês **David Hume** (1711-1776) afirmou.

Assim, se cortamos o infinito *continuum* do mundo em pedaços manejáveis para nossa digestão, não imaginamos que o cardápio que preparamos para nós mesmos é o único, ou mesmo o mais saboroso. E no entanto o húbris da ciência insiste que sim!

"Nós providenciamos para nós mesmos um mundo no qual somos capazes de viver — com a postulação de corpos, linhas, superfícies, causas e efeitos, movimento e descanso, forma e conteúdo: sem esses artigos de fé, ninguém conseguiria viver!"

A psicanálise do conhecimento

Religião, moral, ciência: sua história é "demasiado humana". Suas reivindicações pela verdade fracassam por suas ambições. Por trás dessas críticas individuais, começamos a sentir uma desconfiança geral em relação ao pensamento humano que tende a ter falta de consciência de suas motivações e necessidades mais profundas. Prefigurando Freud, Nietzsche está começando a desenvolver uma metacrítica psicológica do conhecimento.

É irônico que tenhamos orgulho do mais falível de nossos órgãos. "A consciência é o último e derradeiro desenvolvimento do orgânico, e conseqüentemente também a sua mais fraca e inacabada parte. Assim, da consciência provêm incontáveis erros que fazem com que um animal, o homem, pereça antes do necessário."

A mistura do pensamento com o sentimento, o instinto, o desejo, a necessidade, dará trabalho infinito aos psicólogos e analistas do século XX e lentamente minará a simples crença racionalista nos "fatos", que ainda subsiste em nosso tempo.

Evolução anti-darwiniana

A conclusão desse período crítico do pensamento leva Nietzsche em direção ao retrato da humanidade como algo ainda emergindo de seu passado animal. Separado de seus princípios de instinto animal, com uma faculdade racional perigosamente superdesenvolvida — o que será do *Homo sapiens*? Certamente estamos confrontando aqui uma questão de evolução, mas de que tipo?

As formas de vida excepcionais podem muito bem estar pobremente adaptadas à sobrevivência. A história das formas evolutivas mostra que "...alegres acidentes são eliminados, os tipos mais altamente desenvolvidos não levam a parte alguma; são os tipos médios e abaixo da média que invariavelmente ascendem..." Essa simples progressão biológica não é nenhum progresso — ela leva à vitória do rebanho.

A evolução da qualidade

Charles Darwin (1809-1882) escreve em *A origem do homem* (1871) que uma tribo formada por muitos membros...

"Uma nação é um desvio da natureza para chegar a seis ou sete grandes homens. Sim; e depois passar por eles! Uma luta, não pela existência (Darwin), mas uma luta pela **grandeza** — e com isso, uma luta pelo **poder**. Essa visão altamente não democrática da humanidade, como sendo uma espécie de "matéria-prima" da qual emergirão alguns poucos grandes indivíduos, leva à questão das visões políticas de Nietzsche, que estão longe de serem comuns...

Política: a moral e o Estado

Se as necessidades de uma comunidade, expressas em sua moral, são uma ameaça para a liberdade do indivíduo, então devemos assemelhar a política democrática ao ceticismo, pois existe um paralelo entre a moral e a lei.

Comunidade = Moral
Democracia política = o Estado

As leis do Estado surgem como a moral do grupo, com maior peso.

"Apenas aqueles que permanecem fora dos instintos políticos sabem o que querem do Estado." *O estado grego* (1873).

O paradoxo da democracia

Se minha própria vontade coincide com a vontade do grupo, isto é apenas um feliz acidente, que provoca o assim chamado **paradoxo da democracia**. Em uma democracia, estou comprometido com dois princípios: 1. A vontade da maioria (o Estado); 2. Minha própria vontade. Desafortunadamente, não existe uma razão necessária para que esses dois princípios alguma vez coincidam!

"Quanto mais organizado é o Estado, mais estúpida será a humanidade."
Nós filólogos (1875)

"Tão pouco Estado quanto for possível!!"
Aurora (1880)

Convite para um partido político...

E no entanto ainda hoje pregamos a doutrina de que o Estado é a mais civilizada forma da sociedade, e nosso maior dever é servi-lo. As respostas de Nietzsche...

Com a ajuda do aforismo, podemos fazer um rápido sumário do pensamento de Nietzsche sobre os partidos políticos de hoje.

Liberalismo

"O termo cortês para medíocre é a palavra 'liberal'."

"O liberalismo é, freqüentemente, uma mera forma de timidez dos ricos."

Socialismo

"Sempre haverá pessoas demais com propriedades (riqueza) para que o socialismo signifique algo mais que um ataque de doença."

"O socialismo é o fantástico irmão menor de um despotismo quase decrépito, a quem quer suceder."

Conservadorismo

"Os conservadores de todos os tempos são mentirosos adventícios."

"A doutrina do livre-arbítrio é uma invenção das classes dominantes."

Política: a prostituição do intelecto

As representações da mídia de nosso próprio tempo — tão necessárias para o controle político sobre culturas inteiras — foram antecipadas por Nietzsche. "Não é necessário que o homem que queira incitar a multidão faça uma representação teatral de si mesmo?" Como deveras foi o declínio em nossa visão dos políticos em geral. "O ladrão e o homem no poder que promete proteger a comunidade dos ladrões são, no fundo, tirados pelo mesmo molde, mas o último atinge seus fins de forma diferente que o primeiro."

Uma vez mais, somos convidados a ver o que está escondido nos motivos e "ideais" oferecidos pelos políticos como justificação do seu poder político.

"A política poderá um dia ser considerada tão vulgar para ser descrita, com todo jornalismo diário e partidário, sob a manchete: 'Prostituição do intelecto'."

Política: a morte da verdade

Nicolau Maquiavel (1469-1527) criticou de forma similar os governantes políticos por sua tendência a considerar o interesse pessoal como tomadas de decisão racionais e inevitáveis. Ainda que suas idéias políticas (ele era um republicano leal) estejam longe da condenação geral da política por Nietzsche, ele precedeu Nietzsche em suas observações sobre como os governantes na verdade atuam e sua necessidade de atuar com **expediência**. Em seus *Discursos* (1513-1521), Maquiavel assim escreveu sobre os governantes da Igreja na Itália:

Os argumentos de Maquiavel para ter sucesso na política levaram em última instância à questão de quanto poder um governante possui, e não quanta "justiça" ou "honra" estão associadas à sua causa. A vitória dos Aliados na Segunda Guerra Mundial mostrou apenas que o poder prevaleceu. Todos os lados *sempre* acreditaram que o Direito estava do seu lado.

Nietzsche conclui: "O tipo de perfeição em política é, claro, algo maquiavélico." Mas somente se devemos mesmo ter política. "O homem que tenha o *furor philosophicus* não terá tempo para o *furor politicus*, e sabiamente deixará de ler os jornais ou militar em um partido."

Assim falou Zaratustra

Em fevereiro de 1883, o *furor philosophicus* do próprio Nietzsche alcançou novas alturas quando escreveu, em Rapallo, na Itália, onde passara o inverno, a primeira parte de seu livro mais conhecido, *Assim falou Zaratustra*, em apenas dez dias.

Sua intensa solidão, depois do caso Lou Andreas-Salomé, é claramente refletida no caráter de Zaratustra.

Ele tem uma qualidade messiânica, e no entanto rejeita aqueles que se aproximam dele como discípulos. No final da parte quatro, completada dois anos depois, Zaratustra fala apenas para si mesmo.

O título do livro se refere ao sânscrito *Iti vuttakam*, "Assim falou o santo". **Zaratustra** ou **Zoroastro** (*circa* 628-551 a.C.) foi um profeta que fundou Zendavesta, a religião da Pérsia antes do Islã, que sobrevive hoje na Índia entre os parses.

Zaratustra agora deve alçar sua voz não para a metafísica mas em nome da terra, do corpo, e acima de tudo do Super-Homem.

O oráculo fala

O livro é uma nova partida: as angustiadas efusões de um ser que chegou ao limite dos assuntos humanos. "Devemos falar com o trovão e com fogos de artifício celestiais para os sentidos fracos e adormecidos!" Zaratustra é uma mistura extraordinária de introspecção mística, poesia, aspirações e intuições.

Verdadeiramente, um regresso ao espírito dionisíaco! Mais tarde, em sua autobiografia, *Ecce homo* (1888), Nietzsche fala de sua experiência ao escrever Zaratustra. "Se tivermos o menor traço de superstição em nós mesmos, será difícil negar a idéia de que somos a encarnação, o porta-voz e o médium de poderes onipotentes."

Na verdade, é o trabalho de um poeta mais do que o de um filósofo. Embora Zaratustra esteja longe de ser um tratado filosófico, podemos identificar três ensinamentos principais nele.

1. O Super-homem

2. A vontade de poder

3. O eterno retorno

É tarefa de Zaratustra diagnosticar as enfermidades presentes e fornecer a direção para um futuro melhor.

Embora os ensinamentos de Zaratustra sejam a essência do livro, grande parte do texto é dedicada à incansável dissecação psicológica do homem moderno, ao vazio de seus valores e crenças. Esse é o retrato de uma sociedade niilista e antivida, que promove o medíocre e suspeita da originalidade.

Zaratustra vê ao seu redor uma moléstia geral.

Indiferença em relação à vida (niilismo).

Hipocrisia na moral (e na religião).

Medo pelo desconhecido.

Sobre o niilismo

O excesso de informação causa indigestão do espírito. Se viajarmos muito por essa estrada, nos "afogaremos em nossa própria razão". É a estrada para o **niilismo**. O verdadeiro conhecimento deve ser **útil** para os projetos da ação humana.

Sobre a hipocrisia virtuosa

A crença dos "virtuosos" é uma forma de hipocrisia. Quando as pessoas dizem "a virtude é necessária", na verdade estão dizendo "policiar é necessário", pois o que anseiam é uma sociedade calma, ordenada e segura, na qual serão cuidados.

Pior ainda, eles esperam uma **recompensa** de seu Deus por serem virtuosos. Isso é um amor pela virtude?

"Os doentes e moribundos — foram eles que desprezaram o corpo e a terra, e inventaram o mundo celestial e as redentoras gotas de sangue: mas até mesmo esses venenos doces e tristes eles tomaram emprestado do corpo e da terra!" Os arrebatamentos de "transporte celestial" poderiam ser possíveis *sem um corpo*?

Sobre o medo

“Pois hoje as pessoas insignificantes [as massas] tornaram-se amos e senhores; elas pregam submissão e aquiescência e prudência e diligência e consideração...”

Detrás disso jaz o medo de fazer, arriscar e buscar seu próprio destino. O medo de querer demais e enfrentar o fracasso.

Esse medo moderno da dor e do sofrimento mostra apenas que não sofremos o *suficiente*. Todo conhecimento tem um preço

O que é o Super-homem?

As idéias de Nietzsche sobre a evolução da qualidade preparam o caminho para a freqüentemente mal-entendida doutrina do Super-homem (*Ubermensch* ou "sobre-homem"). O termo aparece na obra do satírico grego **Luciano** (*circa* 120-180 d.C.) como *hyperanthropos*, e na primeira parte de *Fausto*, de **J.W. von Goethe** (1749-1832). É usualmente entendido em termos evolucionários — um desenvolvimento inevitável em direção a novas formas de vida.

Zaratustra vê o Super-homem não como inevitável, mas como um desafio extremo para o espírito humano. De fato, o Super-homem pode **jamais** ser alcançado, mas Nietzsche insiste em que temos a obrigação de esforçar-nos por obter tal condição.

O Domínio de si mesmo

Nietzsche às vezes invoca uma enganosa imagem darwiniana: "O que é o macaco para o homem? Um alvo de ridicularização ou um penoso embaraço." E apenas assim o homem se igualará ao Super-homem: um alvo de ridicularização ou um penoso embaraço.

No entanto, esse "embaraço" não será algum ancestral fóssil geneticamente inferior. Pode ser, em vez disso, o resultado da mudança na própria vida de um único indivíduo.

Podemos fazer uma comparação irônica com o projeto cristão de superar as próprias fraquezas humanas na busca da salvação da alma. Mas nas primeiras páginas do livro já somos lembrados: “Será possível! Esse velho santo em sua floresta ainda não ouviu que **Deus está morto.”**

Somente o mais ambicioso dos projetos pode preencher o vazio deixado pela morte de Deus — O Super-Homem é a única justificação possível que nos deixaram.

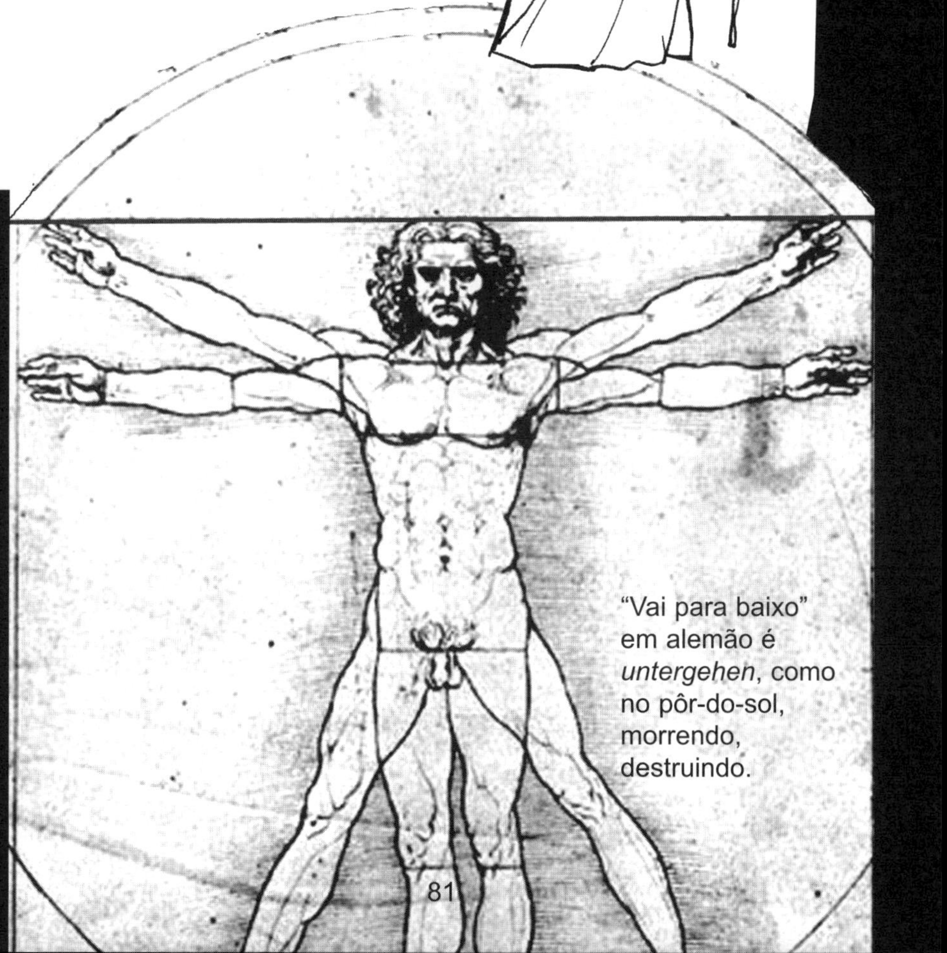

“Vai para baixo” em alemão é *untergehen*, como no pôr-do-sol, morrendo, destruindo.

Mais tarde, na *Genealogia da moral*, Nietzsche conectará o Super-Homem com o "nobre" espírito que vive e deseja, em oposição às pessoas comuns que "pedem muito pouco da vida". Zaratustra tem desprezo pelo homem comum que "faz tudo pequeno. Sua raça é tão inexterminável como as pulgas". Contudo acusar Zaratustra de desumanidade é errar o alvo.

Um futuro humano ou pós-humano?

O medo recorrente de Zaratustra é que o tempo não é o certo para seus ensinamentos: “A multidão pode tornar-se o amo, e todo o tempo ser afogado em águas rasas.” A doutrina do Super-Homem é talvez tão assustadora para nós hoje em dia quanto o foi em 1883. Se for assim, então os lojistas herdarão a Terra!

E assim, nós o povo (você e eu?) nos agarraremos a nossa felicidade, nosso conforto e nossos deuses. Um cansaço de espírito nos aflige, “um cansaço pobre e ignorante, que não quer mais nem mesmo querer: que criou todos os deuses e além-mundos”.

A vontade de poder

Evidentemente, o desafio do Super-Homem requer uma atitude mental que Nietzsche notou que faltava em sua própria cultura. Tal atitude pressupõe um extraordinário nível de coragem. Zaratustra chama isso de **a Vontade de Poder**. Nietzsche encontrou essa idéia em Schopenhauer.

Qualquer criatura que deliberadamente arrisca sua vida por qualquer razão está negando a “vontade de viver”. Em tal situação, aquela criatura mostra alguma coisa ainda mais fundamental — a Vontade de Poder.

Superficialmente, a idéia da Vontade de Poder sugere um princípio bruto — a vitória do mais forte. Mas, fundamentalmente, é um princípio psicológico de comportamento humano que toda criatura procura estender sua esfera de ação e influência: para consolidar-se.

No capítulo "Sobre a auto-superação", Zaratustra diz: "A vontade do mais fraco o persuade a servir ao mais forte; sua vontade quer ser amo daqueles ainda mais fracos: esse prazer por si só é difícil de esquecer."

Quanto maior a vontade, maior o prêmio, e até mesmo o mais fraco pode "roubar através de caminhos secretos para o castelo e até mesmo para o coração dos mais poderosos — e roubar seu poder".

Auto-obediência

A força de vontade pode superar o maior poder das armas, e no entanto a superação mais difícil será a **superação de si mesmo**: "Aquele que não pode obedecer a si mesmo será comandado."

Difícil também porque a Vontade de Poder precisa encontrar em si mesma suas próprias razões para aquilo que faz, e não aquelas de outro. Não é de admirar que Nietzsche chame essa filosofia de "estrênua" — pois com a responsabilidade total por cada ação existe a necessidade de criar o **valor** próprio de cada um para aquela ação.

O espírito livre

Evidentemente, o homem mais elevado ou "espírito livre", que pode corporificar totalmente a Vontade de Poder, é um ser ainda não visto, mesmo que Nietzsche afirme que certos indivíduos históricos tenham se aproximado desse ideal — Júlio César, Goethe, Napoleão.

Os críticos habitualmente vêem nessas doutrinas o retrato de um indivíduo egoísta, inescrupuloso e que serve a si mesmo. Mas Nietzsche não permitirá que isso interfira em sua posição.

No tocante à acusação de servir a si mesmo, ele poderia responder: "A quem mais deveríamos desejar servir, senão a nós mesmos?" Aqui, como em todo lugar, vemos sua velha oponente, a ética cristã (nossa ética?) sob o microscópio.

O círculo do tempo

A terceira doutrina de Zaratustra — o eterno retorno das coisas — mostra um lado mais humano (do que sobre-humano) do seu caráter, já que oferece um alívio metafísico a nossos sentimentos de abandono pela perda de nossos deuses.

Em "Sobre a visão e o enigma", Zaratustra descreve duas estradas.

O portal leva a inscrição "O momento". Uma eternidade jaz atrás dele, e uma eternidade jaz ante ele; uma infinita cadeia de eventos na qual ele está inextricavelmente envolvido.

MAS O COMPLEXO DE CAUSAS NO QUAL ESTOU ENREDADO VAI OCORRER PERIODICAMENTE — VAI CRIAR-ME OUTRA VEZ! SOU PARTE DESSAS CAUSAS DO ETERNO RETORNO.
EU REGRESSAREI, COM ESSE SOL, COM ESSA TERRA, COM ESSA ÁGUIA, COM ESSA SERPENTE — **NÃO** PARA UMA VIDA NOVA OU UMA VIDA SIMILAR.
EU REGRESSAREI ETERNAMENTE PARA ESSA VIDA IGUAL E IDÊNTICA, NAS MAIORES E MENORES COISAS, PARA ENSINAR UMA VEZ MAIS O ETERNO RETORNO DE TODAS AS COISAS.

Um consolo pessimista

Se o “eterno retorno” nos oferece a promessa de uma eternidade, não é uma com um “final feliz” — pois não oferece final nenhum. Como o castigo de Sísifo no mito grego, estamos condenados a uma terrível repetição de eventos por toda a eternidade. Essa falta de objetivos ou fins — uma forma de falta de sentido que ecoa o “desejo infinito” na filosofia de Schopenhauer — por outro lado adiciona um matiz pessimista às pregações alegres de Zaratustra.

Aqui outra vez encontramos uma ênfase no “momento” — na nossa **ação** e **vontade** presentes — e tudo que se segue está ligado a isso por toda a eternidade.

A sombra de Wagner

Pouco depois de ter completado as partes um e dois de *Assim falou Zaratustra*, Nietzsche recebeu a notícia da morte de Richard Wagner. Pelo resto de sua vida, ele lutaria com o fantasma de Wagner.

Em uma carta a Peter Gast, ele conta como foi difícil ser o inimigo do homem que mais respeitou. Apesar de não ser sincero em seu desejo pela grandeza, de qualquer forma incorporava as virtudes de um "homem maior". Apesar do anti-semitismo de Wagner, seu cristianismo e suas infidelidades, Nietzsche nunca pôde abandoná-lo inteiramente. Sua morte serviu apenas para aumentar a sensação de Nietzsche de isolamento do mundo.

Os alemães e os judeus

Agora, todos os pensamentos de voltar a viver na Alemanha foram abandonados. No ano seguinte, 1884, Nietzsche encontrou-se com sua irmã em Zurique.

Cada vez mais Nietzsche identificava todo tipo de loucura com o caráter alemão, e freqüentemente defendia os judeus contra o racismo alemão. "Os judeus são sem sombra de dúvida a mais forte, dura e pura raça que vive atualmente na Europa."

É tolice, diz ele, sacrificar os judeus como bodes expiatórios de todos os infortúnios públicos. Ele chama isso de "falácia genética" — julgar uma pessoa por suas origens e não por suas ações. Nietzsche observa que "cada nação, cada indivíduo, tem qualidades desagradáveis e até mesmo perigosas. Seria cruel exigir que os judeus fossem uma exceção".

Sobre a cultura judaica, ele diz: "Com Heinrich Heine e Offenbach, os judeus aproximaram-se do gênio na esfera da arte." Mas ele criticava severamente a moral judaica, juntamente com a cristã.

Anti-Alemanha

Os alemães fornecem amplo material para o amor de Nietzsche pelos aforismos.

Na Alemanha, escrever mal é considerado um privilégio nacional.

Um alemão é capaz de grandes coisas, mas dificilmente as logrará, pois obedece sempre que pode, como é conveniente para um intelecto naturalmente preguiçoso.

O intelecto alemão é indigestão.

As poucas instâncias de cultura superior que encontrei na Alemanha eram de origem francesa.

Os alemães têm um grande conhecimento da cultura, mas não são cultos.

Todos os grandes crimes contra a cultura durante os últimos quatro séculos estão na consciência dos alemães.

Para onde quer que a Alemanha estenda sua influência ela arruína a cultura.

Se tais observações tivessem sido reunidas em um único volume, sem dúvida os nazistas o teriam queimado.

Além do bem e do mal (1885-1886)

Esse livro sintetiza a campanha incansável de Nietzsche contra os "ídolos eternos". Já deveríamos saber a que "ídolos" ele se refere. Em *Crepúsculo dos ídolos* (1888), ele fala de "filosofar com um martelo como se fosse um diapasão" para testar o interior oco desses ídolos eternos.

Ainda que *Além do bem e do mal* satisfaça os interesses de Nietzsche, nós o usaremos primariamente como uma introdução para sua posterior e mais abrangente análise da moral, *Genealogia da moral* (1887).

A desonestidade da filosofia

Tão logo a palavra "verdade" é mencionada, os filósofos começam a fazer "um barulho poderoso e virtuoso". Isso não causa surpresa, dado o significado em grego de "filósofo" (*philo* = amante [da] *sophia* = sabedoria, verdade). E, no entanto, esta relação especial de propriedade com a verdade que os filósofos reivindicam é realmente injustificada.

Os filósofos acreditam que suas teorias são produzidas através de um processo desapaixonado, objetivo e racional — "uma dialética fria, pura e divinamente imperturbável" que gostam de comparar com os esforços subjetivos e indignos de confiança dos místicos e outros.

Na realidade, porém, o pensamento dos filósofos é sempre precedido por um desejo, um preconceito, uma inspiração ou "desejo do coração" — isto é, uma necessidade ou crença irracional que buscam tornar abstrata e defender com a razão. Ou como o matemático e filósofo francês Blaise Pascal (1623-1662) disse tão bem...

Kant, com seus "caminhos dialéticos", e **Baruch Spinoza** (1632-1677) com suas fórmulas e métodos geométricos, são ambos "velhos moralistas e pregadores da moral". Nietzsche não quer afirmar que a filosofia não pode fazer mais do que essa atividade limitada. Ele simplesmente quer que os filósofos reconheçam a verdadeira natureza de suas "investigações".

Ou como disse o filósofo inglês **F.H. Bradley** (1846-1924): "A metafísica é encontrar razões ruins para o que acreditamos por instinto."

Sobre a religião

Aqui encontramos a mais clara exposição de Nietzsche sobre a natureza religiosa e o objetivo da religião organizada (cristianismo, budismo etc.). Podemos substituir a palavra "natureza" por "neurose", pois Nietzsche não vê nada natural na religião.

A história viu numerosas "epidemias" religiosas (por exemplo, a Inquisição, o fundamentalismo), mas a aflição sempre existiu em algum nível!

Seu maior fenômeno é o **santo**, que até mesmo os maiores governantes respeitaram. Eles vêem corretamente no santo a força de uma vontade mais poderosa — tão forte que pode suportar a maior autonegação jamais vista.

Sobre a fé

O que é a "fé" que a religião nos exige? Nietzsche responde a essa pergunta com um exemplo de Pascal, cuja crença religiosa impôs severas restrições no escopo de seu trabalho intelectual.

"A fé cristã é desde o começo sacrifício: sacrifício de toda liberdade, todo orgulho, toda autoconfiança do espírito, e ao mesmo tempo escravidão e auto-escárnio, automutilação."

O filósofo dinamarquês **Soren Kierkegaard** (1813-1855) chamou a fé de "divina loucura", um "absurdo" que requeria um "salto" sobre nossa capacidade de raciocínio. Ele é mais um dos alvos de Nietzsche.

Fazendo o máximo do sofrimento

Ironicamente, existem elogios à religião quando ela serve ao homem comum. A maioria dos seres humanos encontrará grande consolo nos ensinamentos religiosos.

Sobre a história natural da moral

Nietzsche estava preparando o terreno para sua *Genealogia da moral* (1887). Em uma série de agudas observações, ele cataloga os fenômenos que, através dos milênios, deram lugar à nossa presente concepção de moral. Ele identifica uma condição **pré-moral**, causada pela vida grupal ou social, que vale a pena citar por inteiro.

"...desde que existem os seres humanos existem também os rebanhos humanos (grupos familiares, comunidades, tribos, nações, estados, igrejas), e sempre muitos que obedecem, comparado com o pequeno número daqueles que ordenam — considerando, por assim dizer, que até agora nada foi praticado ou cultivado entre os homens de forma melhor ou por mais tempo do que a **obediência**, é justo supor que, como regra, ter uma necessidade dela é, por agora, algo inato, como um tipo de **consciência formal** que ordena: vós deveis fazer isso incondicionalmente, e incondicionalmente não fazer aquilo, em poucas palavras, 'vós deveis'. Essa necessidade procura ser satisfeita e preencher suas formas com um conteúdo: fazendo isso ela agarra tudo à sua volta sem pensar, de acordo com o grau de sua força, impaciência e tensão, como um apetite bruto, e aceita qualquer coisa que qualquer comandante — pai, professor, lei, preconceito de classe, opinião pública — grita em seus ouvidos."

O soberano como um criado

Nietzsche salienta que aqueles que comandam usualmente manterão sua autoridade sobre o grupo dizendo representar uma autoridade ainda *maior* — ancestrais, justiça, a lei ou mesmo Deus. Freqüentemente, existe uma boa parte de auto-engano ou má-fé. A rainha Elizabeth II é a "defensora da fé" britânica. O presidente Clinton dos Estados Unidos é "o primeiro servidor do povo".

O mal

Os aforismos definitivos de Nietzsche também podem ser encontrados em *Além do bem e do mal*. Apesar do título, o conceito de "mal" não é central em seu pensamento nessa época. Ele está inextricavelmente unido à moral cristã: uma época anterior (pré-moral?) não teria utilidade para a idéia.

Dessa maneira, a mágica, a ausência de deus, a adoração de falsos deuses (satanismo?), o comportamento irracional (esquizofrenia?), o erotismo — foram todos classificados como fenômenos "do Mal" do ponto de vista do grupo em uma ou outra época. Isso porque eles elevavam o indivíduo acima do grupo, ameaçando a maioria. Que essa ameaça seja chamada de Mal!

***Atavismo:** reversão para um tipo anterior.

Alguns dos mais profundos aforismos e máximas psicológicas de Nietzsche nessa obra também estão formulados aqui. Eles nem sempre permitem uma única interpretação.

Sobre a loucura

Sobre o amor

AQUILO QUE É FEITO SEM AMOR SEMPRE OCORRE ALÉM DO BEM E DO MAL.
O CRISTIANISMO DEU VENENO PARA QUE EROS TOMASSE. ELE NÃO MORREU DISSO, POR CERTO, MAS DEGENEROU EM VÍCIO.
DIVINVS AMOR
INRI
O SENTIDO DO TRÁGICO AUMENTA E DIMINUI COM A SENSUALIDADE.
CVPIDO

Sobre a verdade

NÃO AMAMOS MAIS SUFICIENTEMENTE NOSSO CONHECIMENTO DEPOIS QUE O TRANSMITIMOS.

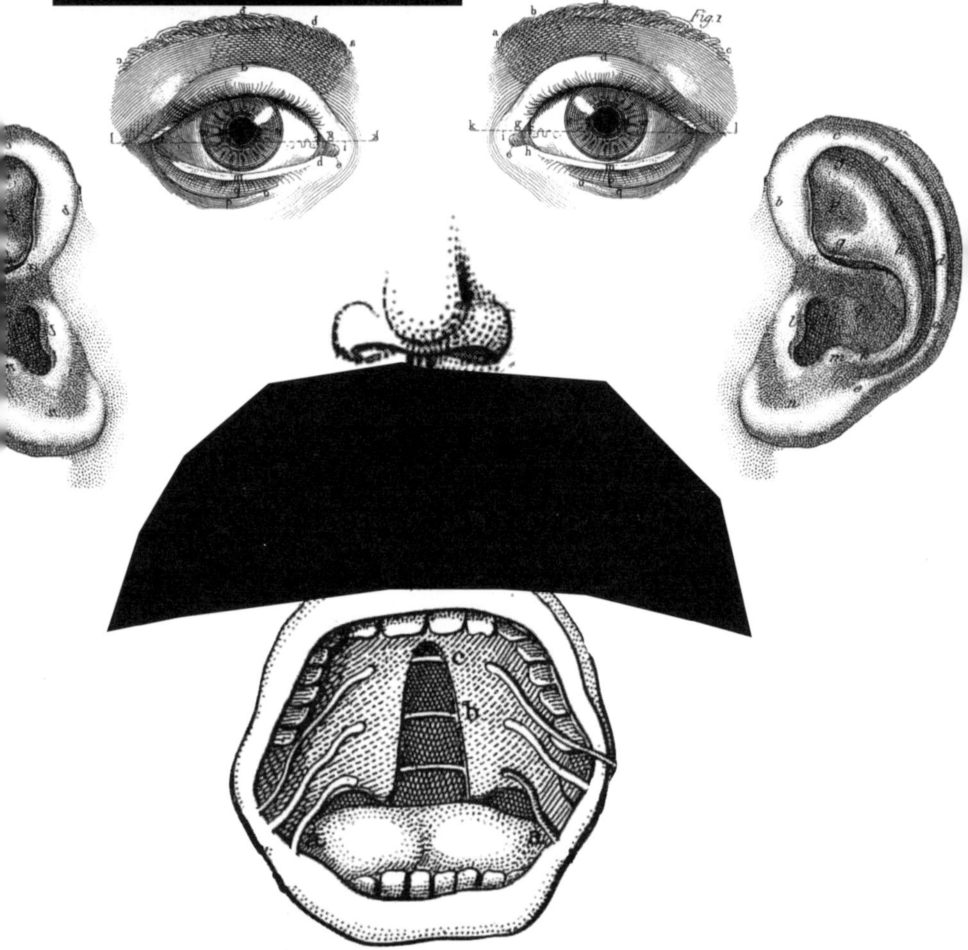

TODA CREDIBILIDADE, TODA CONSCIÊNCIA DO BEM, TODA EVIDÊNCIA DE VERDADE VEM SOMENTE DOS SENTIDOS.

QUANTO MAIS ABSTRATA FOR A VERDADE QUE QUEREMOS ENSINAR, MAIS DEVEMOS SEDUZIR OS SENTIDOS PARA ISSO.

Sobre a moral

Já vimos o mais famoso aforismo de Nietzsche sobre a moral...

"Não existem fenômenos morais, apenas uma interpretação moral dos fenômenos..."

As reverberações dessa proposta radical ainda ecoam hoje e reaparecem de várias maneiras. Para o ateísmo científico, ela sugere que apenas o mundo material ou físico pode ser estudado e conhecido.

Para os psicanalistas, seguindo os ensinamentos de **Jacques Lacan** (1901-1981), ela levanta a questão do **desejo** do sujeito que fala.

Para os marxistas, é uma expressão da teoria da ideologia.

Se ficarmos mais próximos de Nietzsche e perguntarmos por que ele quer negar aos “fenômenos morais” qualquer *status* factual, somos lembrados de sua insistência em que **qualquer** sistema moral tem um fim prático — controlar o comportamento humano.

Certamente, nosso pensamento tentará modelar os fenômenos enquanto eles aparecem (criando uma visão humana do mundo), mas Nietzsche insiste em que não damos a esse produto de nossos esforços qualquer *status* objetivo próprio. Por isso, “não existem fenômenos morais”.

O amo e o escravo

Nietzsche identificou agora uma separação central na história do sentimento moral, entre aqueles que aceitam e obedecem a um código moral (e lhe dão as boas-vindas para sua própria autoproteção) e aqueles (raros indivíduos) que não aceitarão nenhuma autoridade que não a própria. Esses grupos têm uma relação simbiótica como **amos** e **escravos**. Nietzsche faz notar que tal divisão nunca é total. Na verdade, aspectos de ambos podem coexistir tristemente (?) dentro de um único indivíduo. Isso nega a clássica relação amo e escravo proposta pelo filósofo **G.W.F. Hegel** (1770-1831), que vê os dois termos como mutuamente excludentes.

Na visão de Nietzsche, a mentalidade do escravo se aprofunda e se aperfeiçoa através dos milênios em uma resistência ainda mais implacável ao amo.
Essa resistência nunca superará aquela "vontade de poder" que os verdadeiros "espíritos livres" possuem.

A ética do nobre

O protótipo do "espírito livre" na ética encontra sua origem em culturas aristocráticas como as da Grécia Antiga. A idéia do "bem" é associada com "...exaltados e orgulhosos estados da alma que são considerados distintos e que determinam a ordem de classe" (isto é, a ordem social).

Em tais culturas, não existe a idéia de **bem/mal**, mas sim a de **nobre/ignóbil**. Essas palavras são aplicadas a pessoas, não a ações.

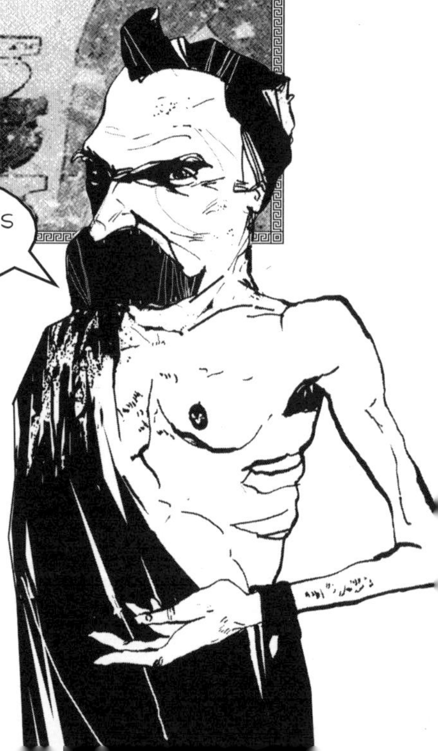

Mas Nietzsche padece ao assinalar que simplesmente nascer na classe aristocrática não garante um caráter excepcional! Esse seria outro caso da falácia genética (ver p. 93). Essa ética é fundamentalmente **autocriadora**: "O tipo nobre de homem se vê como um determinador de valores." Também podemos chamar isso de ética do Amo.

A ética do escravo

A ética do escravo, que Nietzsche explora mais completamente em *Genealogia da moral*, representa as idéias de "bom" e "mau" diferentemente.

Definitivamente a escolha é simples. Ou construímos nossos valores para nós mesmos ou observamos (sem querer) os valores dos outros. Historicamente, a ética do escravo predominou, mas ocasionalmente encontramos a vontade de transcendê-la, e assim ir "além do bem e do mal".

O homem em pedaços

Os livros de Nietzsche praticamente não foram lidos na Alemanha enquanto ele viveu. Não conseguiu encontrar um editor para a quarta parte de *Zaratustra* ("Um livro para todos e para ninguém", terminada no começo de 1885) e teve de pagar pela impressão de quarenta exemplares. Mesmo assim, ele conseguiu apenas sete pessoas a quem vender os exemplares! Em 1888, Nietzsche se queixou a seu amigo, o barão von Seydlitz...

Naquela época, os escritos de Nietzsche estavam começando a despertar interesse na França e na Escandinávia, mas ele se sentia mais sem amigos do que nunca. Em uma carta à irmã Elizabeth, ele disse: "Um homem profundo precisa de amigos, a não ser que tenha um Deus. Eu não tenho nem Deus nem amigos."

Em outra carta de 1888 à irmã, Nietzsche fala de sua missão com um sentido grandioso e isolado. "Você nem parece estar remotamente consciente do fato de ser parente próxima do homem cujo destino é decidir a sorte dos milênios; falando bem literalmente, eu seguro em minhas mãos o futuro da humanidade..."

Um velho companheiro de estudos, Erwin Rhode, célebre professor de filologia em Leipzig, fez um comentário sobre esses últimos anos cruciais antes do colapso final de Nietzsche.

Nietzsche se tornara dependente de uma misteriosa droga javanesa (ópio?) que tomava para aliviar sua crescente dor e falta de sono. Nessas deploráveis condições, ele escreveu sua obra mais influente, *Genealogia da moral*, em apenas 15 dias, no verão de 1887.

A genealogia da moral

No prefácio deste extraordinário livro, somos lembrados de que, de todo o conhecimento que procuramos, o mais difícil de conseguir é o **autoconhecimento**. O axioma "cada homem está a maior distância de si mesmo" parece eternamente verdadeiro, e no entanto a motivação mais consistente de Nietzsche é sempre na direção da superação dessa "última fronteira" do conhecimento.

Nesse contexto, a *Genealogia da moral* representa um grande passo em nossa compreensão da psicologia humana, já que seu objetivo confesso é nada menos que expor a criação do próprio valor.

Esse é um projeto duplo.

1. Uma história e análise das idéias morais.
2. Uma crítica da psicologia — como os seres humanos puderam chegar a esses princípios morais?

Posteriormente Nietzsche diria que esse livro continha "...verdades muito desagradáveis, tornando-se audíveis como um fraco murmúrio a distância". E é fácil notar por que tempos depois psicólogos seguiriam o princípio da suspeita de Nietzsche. Nunca aceitar o raciocínio humano pelo seu valor de face, pois ele procura mascarar o que teme confrontar: "verdades muito desagradáveis".

A ética da piedade

A suspeita de Nietzsche volta-se primeiramente para o que ele chama de "instintos não-egoístas" — compaixão, autonegação e auto-sacrifício —, pois nessas qualidades ele sente "estagnação, fadiga nostálgica e um desejo que se tornou **contra** a vida". (O *ennui* ou sentimento antivida expresso nessas qualidades leva ao **niilismo**, que ele compara a uma doença debilitante.)

A piedade trabalha contra o desenvolvimento da humanidade porque tenta preservar o que está pronto para ser destruído (refletindo, talvez, nosso medo geral da morte — mesmo a morte dos mais fracos).

Nossa moral contemporânea debate e batalha sobre a eutanásia, o aborto e patologias médicas as mais variadas, todas elas centradas na questão do valor da piedade.

Desde o amor vitoriano pelas "boas obras" e fundos de caridade, até a Anistia Internacional e o Band-Aid, vemos funcionar por toda a parte, nas sociedades ocidentais, **a ética da piedade**.

É claro que os leitores ocidentais dificilmente precisarão ser lembrados de que a piedade é também uma pedra angular da religião cristã.

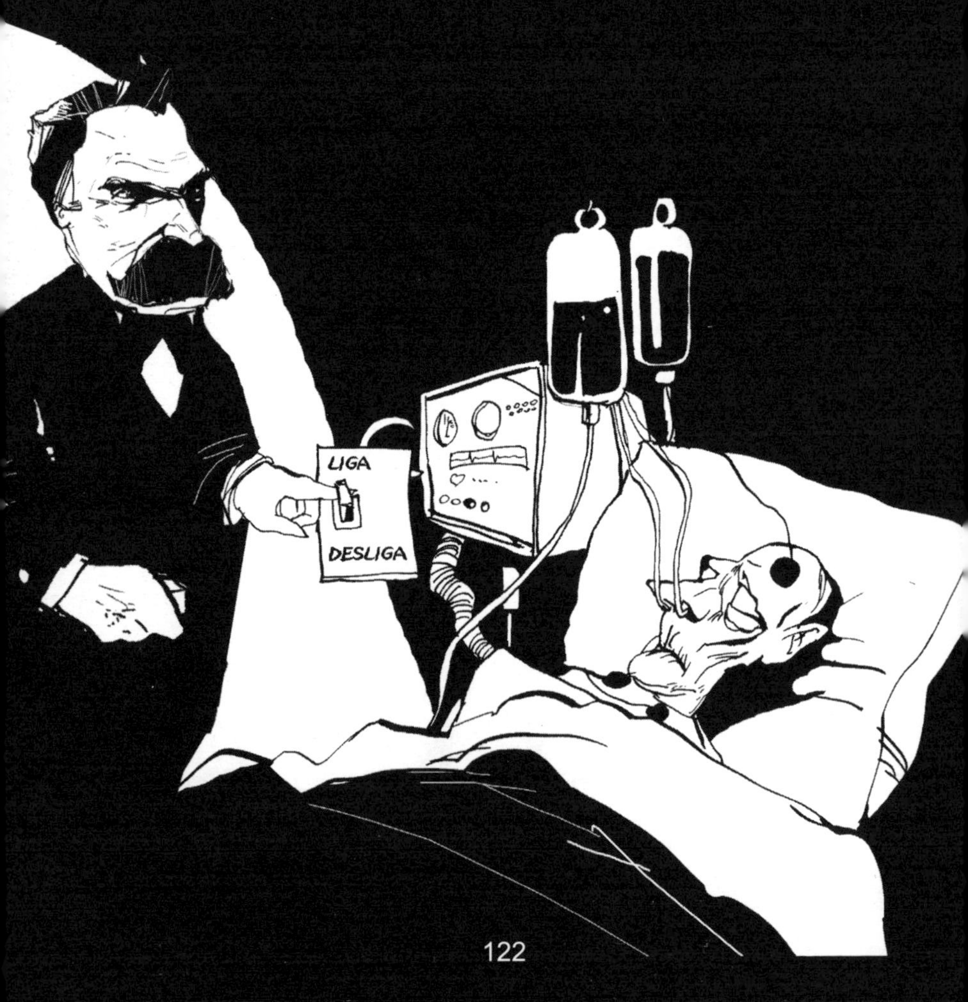

A revolta do escravo na ética

As observações de Nietzsche sobre a “piedade” levam à inescapável conclusão de que esse valor moral é na verdade prejudicial ao nosso bem-estar psicológico, e no entanto é central para o pensamento moral das sociedades “civilizadas” modernas!

Essa revolta reporta até as origens do pensamento judaico-cristão. Seus lideres são a casta dos sacerdotes, cuja realização consiste no triunfo da capacidade humana de racionalizar o infortúnio e reprimir as necessidades instintivas. Um triunfo fundamentalmente **intelectual**.

Os pecados dos padres

Nietzsche é duro com os padres, a quem vê como os maiores e também os mais inteligentes **rancorosos** da história. Como líderes de uma maioria enfraquecida, sua capacidade não descansa na força das armas; em vez disso, eles precisam confiar em seus poderes mentais.

A vingança de tal casta será a mais brilhante de todas as vinganças! E, no entanto, o paradoxo reside em que somente através da casta dos sacerdotes a inteligência, a sutileza e a profundidade humanas foram capazes de se desenvolver. Foi no solo da existência dos sacerdotes que algumas das melhores criações do intelecto humano floresceram!

A ética do escravo: a inversão dos valores

Talvez o ato mais original da casta dos sacerdotes foi a criação de um novo sistema de valores. Por um processo de inversão, eles tiraram os nobres valores de seus governantes (os fortes e poderosos) e os transformaram no seu oposto — os grandes vícios ou “pecados”.

A idéia do mal

Uma vez que essa **tresvaloração** dos sacerdotes é conseguida, resta um pequeno passo para a completa rejeição da ética do nobre.

Pai de Nietzsche

Nessa rejeição dos valores da ética do nobre, a casta dos sacerdotes desenvolve um plano ainda mais brilhante — a idéia do **mal**.

As linhas de oposição entre a ética do nobre e a do escravo agora aparecem claramente.

A ética do nobre cresce espontaneamente da realização de sua vontade e ação no mundo. Seu conceito central é "Deus". Os antigos governantes atenienses freqüentemente se descreviam como "nós, nobres, bons, bonitos e felizes". Em tal contexto, "ruim" significa simplesmente a falta de qualidades que afirmam a vida.

O rancor do fraco

Assim, na ética do nobre, "Ruim" é uma simples falta, um apêndice da idéia central de "Bom". Na ética do escravo, o conceito dominante é "Ruim", que é renomeado "Mal". A ética do escravo começa dizendo não a um "lado de fora", um "outro", um não-ser, e afirmando que **não** é o seu ato criativo.

Nietzsche encontra as origens da ética do escravo no **rancor** dos fracos que, incapazes de exercer sua vontade e assim privados de uma saída para a ação, entregam-se a uma imaginária vingança e denigrem o que não podem emular.

Duas visões do inimigo

Essas duas morais percebem seus inimigos de maneira bem diferente.

A pessoa nobre respeita seu **inimigo**, a quem precisa como um realce para sua própria vontade e ação, e "respeito já é uma ponte para o amor".

O inimigo concebido pela ética do escravo — o espírito rancoroso — é um ser bem diferente dele.

Nessa ética do escravo vemos um profundo auto-engano. "A pessoa rancorosa não é verdadeira nem sincera, nem é honesta e direta consigo mesma. Sua alma é tendenciosa, sua mente adora caminhos secretos e portas dos fundos..."
E, no entanto, tal pessoa será mais inteligente que a pessoa nobre ou aristocrática — mais maquinadora — vivendo "por sua imaginação".
Mas finalmente, ele representa "o cheiro do fracasso de uma alma que envelheceu" — um alto preço a pagar pela razão e pela repressão da emoção.

As origens da consciência

Nietzsche acha a consciência humana deplorável e também o fenômeno da culpa ou **consciência** pesada. (**Consciência**: pensamento mais profundo, particularmente concernente ao sentido de certo e errado. C.Q.D.)

Podemos considerar a consciência como uma característica peculiar do ser humano, mas a *Genealogia da moral* sugere que ela se desenvolveu recentemente na história da psicologia humana. Coincide com o início da estrutura social e da criação de leis, que por sua vez dependem da repressão do **instinto** e do desenvolvimento da **racionalidade**.
Esse salto na evolução, um movimento para longe de nossa natureza animal, na direção do *Homo sapiens* (do latim "homem sábio") tem sido a causa de nossa maior infelicidade.

Assim como a criatura do mar que nadava livremente, forçada a abandonar seu hábitat natural e adaptar-se à terra, acha sua nova condição desajeitada e desgraciosa, também achamos que nosso recém-adquirido "sentido moral" é uma carga que impede nossa antiga liberdade de ação. Essa "declaração de guerra" contra nossos antigos instintos é nociva.

Uma guerra diária de atritos entre o instinto e a moral — o "tormento da consciência" — transforma-se no estado de normalidade.

A doença da consciência

Nietzsche admirava profundamente o escritor russo **Fiodor Dostoievski** (1821-1881). "Aqui temos um psicólogo com quem eu concordo", escreveu a Peter Gast em 1880. Em outra carta (7 de março de 1887) refere-se ao romance de Dostoievski *Notas do subterrâneo* (1864), uma confissão de introspecções espantosas e atemorizantes.
O anti-herói sem nome dessa história mergulha nas profundezas da miséria e da paralisia que vêm com a doença da autoconsciência: "Sou um homem doente. Sou um homem desprezível. Sou um homem sem atrativos. Creio que meu fígado está doente..."

Nietzsche tentava erradicar os últimos traços de cristianismo; enquanto Dostoievski, no fundo do coração um descrente, estava buscando apaixonadamente uma aceitação cristã da vida. Ambos compartilhavam a busca pelo sentido de serem humanos no limite extremo e, como tal, foram pioneiros do **existencialismo**.

A tentativa de 'tornar-se um inseto" transforma-se em uma realidade de pesadelo em *A metamorfose* (1912) de **Franz Kafka** (1883-1924). A transformação "real" de Gregor Samsa em um inseto pode ser vista como a materialização terminal da consciência doente.

Kafka antecipa a condição existencialista do "absurdo" que pode ser vista em *O estrangeiro* (1946), um livro de **Albert Camus** (1913-1960).

As origens do "Bom"

A idéia de "Bom", implícita na ética do escravo, se apóia na teoria do **altruísmo**, isto é, qualquer ação que beneficia os outros é um exemplo de "bondade". Aqui vemos outra vez a qualidade autodestrutiva do escravo que sacrifica o interesse próprio pelo bem comum, comparável ao comportamento de certas comunidades de insetos.

Assim, o "Bom" fica identificado com ações particulares nesse mundo. Esse erro fundamental é perpetuado na história da **ética naturalista**: teorias que tentam provar que a bondade é inerente a uma **ação** particular.

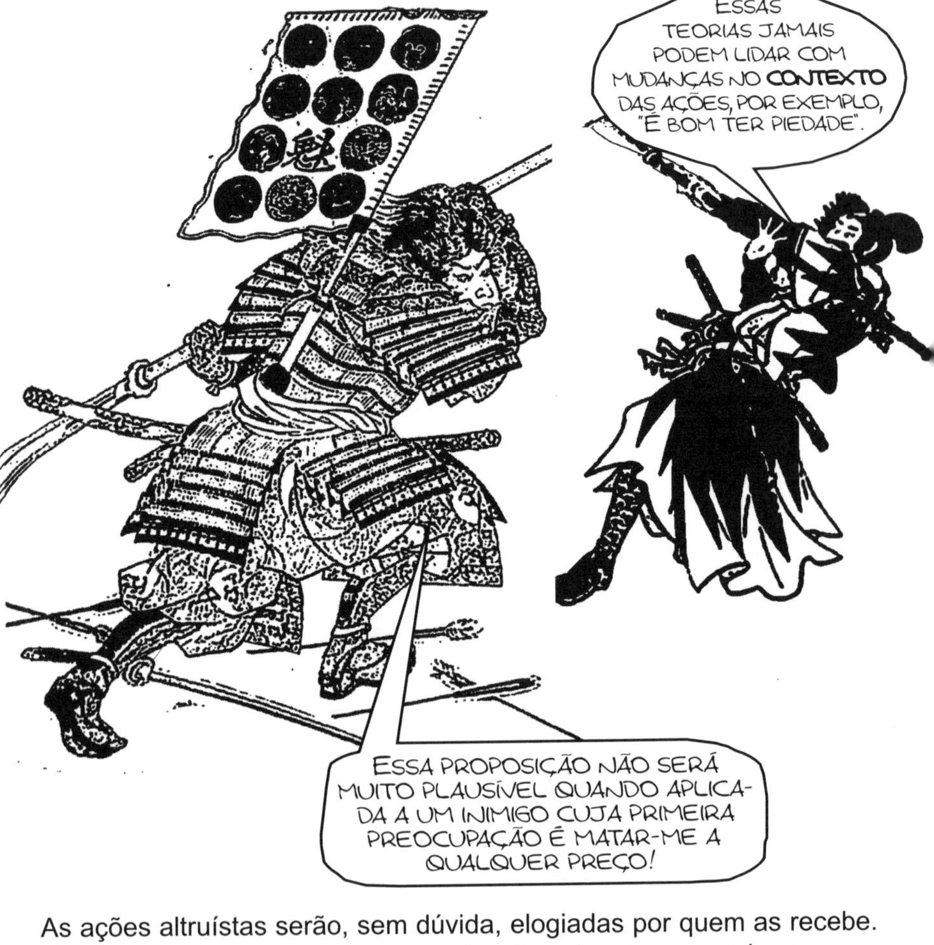

As ações altruístas serão, sem dúvida, elogiadas por quem as recebe. Mas por que os agentes dessas ações deveriam ter pensado em primeiro lugar que elas eram "Boas"?

As origens do "Bom" devem estar em outra direção, o que requer uma consciência **histórica** de nosso desenvolvimento moral. Nietzsche nos lembra do antigo direito dos nobres de dar nomes às coisas — uma expressão do poder dos governantes. "Eles dizem 'Isso **é** aquilo ou aquilo'; eles lacram cada coisa e ação com um som, e assim tomam posse simbólica disso".

A origem lingüística ou a **etimologia** da palavra "bom" também mostra sua associação com o grupo mais forte, mais poderoso. Em alemão, as palavras *schlecht* (ruim) e *schlicht* (simples) são estreitamente relacionadas. "Por um longo tempo o primeiro termo (*schlecht*) foi utilizado em lugar do segundo (*schlicht*) sem nenhuma conotação depreciativa como agora, meramente para designar o homem comum em oposição ao nobre." A idéia de "Ruim" chegou a ser associada às noções de "comum", "plebeu" ou "ordinário". Outro exemplo da "criação de valores" que somente o espírito nobre é capaz de fazer.

O ideal ascético

Finalmente, tentemos responder à pergunta de por que a ética do escravo tem tanto sucesso. Por que o ideal ascético da casta dos sacerdotes ainda exerce um fascínio tão terrível sobre tantas pessoas?
A resposta está na função do ensinamento ascético: "O ideal ascético nasce do instinto de proteção e de cura de uma vida que está degenerando e no entanto luta com unhas e dentes por sua preservação."

O sacerdote ascético é um consolo para o sofrimento humano. Ele oferece uma explicação para tal sofrimento, tornando mais suportável a doença; ele lhe dá **sentido**.

Daí nasce a ética do escravo. O **ressentimento** agora encontra um alvo, a **consciência** nasce, a **culpa** entra em vigor.

Reside aí o poder do ideal ascético; ele fornece um sentido à existência — seu único sentido até agora. E como tal, podemos apenas admirar esse feito e, com ele, o grande **ato de vontade** necessário para criar tal sistema (ainda que seja um sistema enfermo).

Resumindo, ele é fatalmente **antivida**. Temos de concluir que ele representa "uma vontade do nada, uma negação da vida, uma rebelião contra as condições principais de viver".

O triunfo do niilismo

O ideal ascético e a ética do escravo constituem, para Nietzsche, a maior doença que atingiu a humanidade (mas inteiramente criado por nós!) Ele descreve esse sistema como **decadente** (literalmente "declinante", "caindo").

A necessidade humana de encontrar um sentido para a existência — mesmo um sentido negativo que negue a possibilidade do melhoramento humano — leva-nos à última frase da *Genealogia da moral*.

O anticristo

No seu último ano de total lucidez (1888), Nietzsche concluiu dois pequenos trabalhos, *Crepúsculo dos ídolos* e *O anticristo*. Esse último é um ataque continuado à ética cristã. No prefácio, Nietzsche observa que seus leitores necessitarão de "coragem para o proibido" e de "novos olhos para as coisas mais distantes". Seu subtítulo proposto era "A tresvaloração dos valores".

Crepúsculo dos ídolos exemplifica bem o método da ironia de Nietzsche, filosofando "tanto com o martelo quanto com o diapasão". No texto encontramos seu famoso paradoxo: "Temo que não estamos livrando-nos de Deus porque ainda acreditamos em gramática..." Isso resume, em poucas palavras, o programa de *desconstrução* de Jacques Derrida, isto é, seu ataque à tradição ocidental do "logocentrismo". Nietzsche sempre criticou a ilusão de que a existência de uma palavra garante a verdade sobre aquilo a que a palavra se refere.

Nietzsche também fornece a fonte de outra influente idéia "pós-moderna", a noção de Jean Baudrillard do *simulacrum* ou da anulação da própria realidade como hiper-realidade. Em uma única página, Nietzsche delineia os seis estágios: *Como o "Mundo Real" finalmente Torna-se um Mito*. O "mundo real" (ou a "História de um Erro"), que começa com o idealismo de Platão e transita pelo cristianismo, kantianismo, positivismo lógico, torna-se cada vez mais **desconhecido**, até não ter mais utilidade, ser supérfluo e finalmente abolido. "Nós abolimos o mundo real: que mundo restou? O mundo aparente, talvez?..."

Reconhecimento afinal?

Nesse momento, os escritos de Nietzsche lentamente ganhavam terreno na Europa. O eminente crítico francês **Hippolyte Taine** (1828-1893) escreveu entusiasticamente sobre *Além do bem e do mal* (outro livro impresso por conta própria). Na Dinamarca, outro influente crítico e historiador, **Georg Brandes** (1842-1927), dava conferências sobre a filosofia de Nietzsche. O grande autor sueco de peças de teatro **August Strindberg** (1849-1912) ficou profundamente impressionado com suas idéias.

As cartas de Nietzsche a Brandes e Strindberg, no final de 1888, revelam francamente o perigoso estado megalomaníaco de sua mente. *Ecce homo*, o último livro que Nietzsche escreveu (1888), retirou seu título da saudação de Pilatos a Jesus com sua coroa de espinhos (Evangelho de São João, 19:5). "A humanidade pode começar a ter novas esperanças somente agora, depois que eu vivi." E em uma carta a Strindberg (7 de dezembro de 1888), ele escreveu:

Nietzsche foi recompensado pelo longo período de extrema solidão e pouca atenção dada ao seu trabalho. Finalmente, antes que pagasse o preço do colapso mental completo, ele se viu como o Anticristo — ou o salvador anticristão.

No dia 31 de dezembro de 1888, Nietzsche mandou uma mensagem para Strindberg.

O colapso de Nietzsche

"Fora o fato de ser decadente, sou também o reverso de tal criatura" (de *Ecce homo*). Pode-se dizer que cada um dos livros de Nietzsche seja um palco para o duelo entre esses dois antagonistas dentro dele mesmo. Ele pôs-se deliberadamente a descobrir cada possível traço "decadente" em seu interior e então prescrevia imediatamente o antídoto para combater cada um deles. A dureza sobre si mesmo contradizia a gentileza inata do seu caráter.

No dia 3 de janeiro de 1889, na Piazza Carlo Alberto, em Turim, ele viu um cocheiro chicoteando um velho cavalo. Abraçou o animal, soluçou e desmaiou. Nietzsche finalmente perdera a sanidade.

O grau de insanidade de Nietzsche ainda é matéria de debate. Seu amigo, o eminente professor de filologia Johannes A. Overbeck, deixou um interessante comentário: "Eu não podia resistir à idéia de que a doença de Nietzsche fosse simulada — uma impressão derivada de minha longa experiência sobre seu hábito de assumir muitas máscaras diferentes."

Existe até um livro, *Minha irmã e eu*, supostamente escrito por Nietzsche em seus últimos anos em Weimar, onde sua irmã Elizabeth Förster-Nietzsche cuidou dele. Ela voltara do Paraguai em 1895, seis anos depois do suicídio de seu marido.

NIETZSCHE EM SEU ÚLTIMO ANO DE VIDA

UM DESENHO DE HANS OLDE 1899

Aproximadamente 12 anos depois de seu colapso, em 25 de agosto de 1900, Nietzsche morreu de pneumonia em Weimar.

Em uma breve homenagem à beira do túmulo, Peter Gast, talvez sem saber, cumpriu a primeira das premonições de Nietzsche.

Ele foi enterrado em Röcken, o lugar onde nasceu.

Nietzsche e os nazistas

Sua irmã Elizabeth rejeitou a tentativa de Peter Gast de editar os vários manuscritos não publicados e assumiu o controle total do arquivo das obras do irmão.

Elizabeth supervisou a publicação do arquivo. Seus sentimentos nacionalistas asseguraram o lugar de Nietzsche na emergente política do imperialismo alemão na Primeira e na Segunda Guerra Mundial.

Pouco antes de sua morte em 1935, Elizabeth agradeceu Hitler pela honra que ele “graciosamente conferira a seu irmão”.

Ironicamente, o ódio sincero de Nietzsche contra o racismo em geral e contra o anti-semitismo em particular fora tão efetivamente suprimido por seus maiores proponentes — os nazistas.

Mais tarde, nos julgamentos dos criminosos de guerra nazistas de Nuremberg (1946), Nietzsche foi citado como uma figura principal da ideologia nazista. Ele próprio parece ter temido e mesmo assim profetizado essa total deturpação de suas idéias, como o fez (bastante ironicamente) em uma carta à irmã, escrita em Veneza em junho de 1884.

Os políticos, como Nietzsche observara, estão mais preocupados com a conveniência do que com a verdade, e o próprio Hitler concorda com isso, sem se envergonhar, no seu livro *Mein Kampf* (*Minha luta*, 1925-1926).

O caso para a defesa

Deixando de lado as complexidades da ideologia nazista, a questão do racismo é talvez o modo mais simples de separar Nietzsche de Hitler. Comparem os pronunciamentos de Hitler em *Mein Kampf* com a visão de Nietzsche em uma carta à irmã, escrita em Nice em 26 de dezembro de 1887.

Sobre a questão do **nacionalismo**, Nietzsche é bastante claro. Poucos escritores tiveram menos respeito por seu país e sua política. Uma carta da Suíça, de 12 de maio de 1887, bastará para demonstrar esse fato. "Sinto-me aparentado apenas com os bem-educados franceses e russos, mas de nenhuma forma com a assim chamada elite entre os meus próprios compatriotas, que julgam tudo pelo princípio: 'A Alemanha acima de tudo'..."

Nietzsche e a psicanálise

Tanto Marx como Freud têm, em comum com Nietzsche, o "método da suspeita". Suas análises da cultura e da consciência apresentam uma história de **falsa consciência**.

A admiração de Freud por Nietzsche aparece em seu desenvolvimento de idéias-chave.

Todos os instintos que não encontram uma válvula para sair de si mesmos voltam-se para dentro.
Genealogia da moral

Todas as verdades suprimidas tornam-se venenosas.
Zaratustra

A noção freudiana de **repressão** também foi antecipada por Nietzsche na análise do orgulho em *Além do bem e do mal*.

A orientação patológica de Freud — a idéia de que somente por meio do estudo da pessoa anormal podemos aprender a verdadeira natureza da psicologia "normal" — é refletida na proposição de Nietzsche, em *Humano, demasiado humano*, de que: "As naturezas divergentes são da maior importância onde deve haver progresso."

Em numerosos tópicos encontramos a antecipação do pensamento psicanalítico.

Religião:
Deus é uma resposta geral... basicamente apenas uma proibição geral para nós: vocês não devem pensar!

Humor:
A graça é o epitáfio de uma emoção.

Humano, demasiado humano

Sexualidade:
O grau e o tipo da sexualidade de uma pessoa tentam alcançar o ponto mais alto do seu espírito.

Além do bem e do mal

Sonhar:
Ou não sonhamos nada ou sonhamos de uma maneira interessante.

Na verdade, sem sua crítica psicológica, o trabalho de Nietzsche sobre a cultura e a moral não teria sido possível. Tal crítica deve alimentar-se da própria realidade psíquica do autor para ter uma introspecção real. Nietzsche paga o preço total para seu autoconhecimento. “Quando olhei meu *Zaratustra*, andei de um lado para o outro em meu quarto por meia hora, incapaz de dominar um intolerável ataque de soluços.”

O preço do grande desespero é revelado nessas duas frases dos rascunhos de Nietzsche para *A vontade de poder* (1886-1888).

Wittgenstein: filosofia linguística

O interesse filosófico do século XX na linguagem encontrou inspiração nos escritos de Nietzsche. A filosofia posterior de **Ludwig Wittgenstein** (1889-1951) utiliza a idéia de significado como o uso de qualquer expressão, dando ênfase aos **efeitos práticos** da linguagem.

Esse enfoque localiza o significado na **relação** variável entre pensamento e ação, e rejeita a idéia de significado como alguma coisa fixa e eterna, ou meramente uma propriedade de análise lógica, como Nietzsche já havia previsto em sua *Filosofia grega antiga* (1873).

do *Tractatus Logico-Philosophicus*, 6.54 (1922)

Essas relações variáveis, ou "formas de vida", solapam a linguagem como expressão "literal" e a mostram como uma relação mais complexa de metáforas, símiles, metonímias e artifícios poéticos. Assim, o "significado literal" é simplesmente linguagem figurativa, cujas complexidades foram esquecidas, como nos lembra Wittgenstein em suas *Investigações filosóficas* (1953), e como vemos no retrato da linguagem de Nietzsche.

Heidegger e Nietzsche

No seu ensaio *O mundo de Nietzsche*, **Martin Heidegger** (1889-1976) o apresenta como o maior crítico da tradição metafísica ocidental exemplificada por Platão. "Através da reviravolta da metafísica realizada por Nietzsche, somente resta à metafísica uma mudança em direção à sua própria desordem e falta de essencialidade."

Essa tradição, vista como a ascensão e desenvolvimento do **niilismo**, está em uma encruzilhada (a crise pós-moderna?).

O que o **Ser** (*Sein* em alemão) significa para Heidegger? "O que é dado ao pensamento para pensar." Em outras palavras, o Ser vai além de qualquer **sistema** de pensamento. Mas "ir além" não implica em **transcendência** no significado definitivo da existência do homem no mundo — uma questão de importância vital para Nietzsche.

O **Ser** deveria ser compreendido no sentido de **horizonte**, que, como o próprio problema do tempo, é resistente à filosofia — daí o título do trabalho principal de Heidegger, *Sein und Zeit* (*Ser e Tempo*), 1927.

Uma linha importante do pensamento de Heidegger vem do método de **Fenomenologia** de seu professor **Edmund Husserl** (1859-1938), uma austera inspeção dos conteúdos lógicos da mente, que Heidegger usa para investigar estados extremos da mente: ansiedade, preocupação, autenticidade, o nada. O que aliou Heidegger — contra seus desejos — ao **existencialismo**.

Jean-Paul Sartre: existencialismo

O primeiro princípio da filosofia existencialista, segundo **Jean-Paul Sartre** (1905-1980) é que "a existência precede a essência". Com essa frase ele quer dizer que cada um de nós deve determinar individualmente nossa identidade. "A natureza humana" é indeterminada até se realizar por atos de livre escolha. Assim, o primeiro fato que encontramos é o da nossa **existência**, do qual decorre uma "terrível liberdade", a que estamos condenados a fazer escolhas a cada momento de nossa vida.

O nada

Le Néant (*O nada*) é o empréstimo francês de Sartre tirado de *Das Nichts* de Heidegger, ambos significando o nada ou um estado de ansiedade.

De fato, nossa "natureza" também é nada até que um caráter é escolhido. Somente desse modo podemos viver autenticamente em termos existencialistas. A ênfase de Nietzsche no papel fundamental da **vontade** fornece a base do pensamento existencial — uma filosofia de liberdade desejada e o inescapável fato da escolha humana.

Derrida: desconstrução

O chamado de Nietzsche para uma "revalorização de todos os valores" é a prefiguração da estratégia de **Jacques Derrida** de rompimento na filosofia, que ele chamou de **desconstrução**. Desconstrução é um termo notoriamente escorregadio: ele é na verdade *indeterminável*. O próprio Derrida (nascido em 1930) sugeriu que a desconstrução fosse descrita como "uma suspeita contra o pensamento, *o que é a essência de*?" Nesse sentido, é um ataque à tradição metafísica ocidental do *logocentrismo,* que procura um ponto de origem único, eterno e fixo para a verdade. Tal declaração de guerra encontra seu precedente no "princípio da suspeita" de Nietzsche.

Os escritos de Nietzsche, com seu uso da ironia, alegres paradoxos e rompimento da lógica clássica, são um modelo para a proposta de desconstrução de Derrida. Ambos os pensadores concordam que o antigo "sonho de uma verdade fundacional" deve finalmente ser abandonado.

Se podemos entender, verdadeiramente, por que não pode haver uma filosofia "nietzschiana", então fica claro o motivo o qual Derrida insiste em que a desconstrução não deve tornar-se desconstrucion**ismo**. Ela não deve render-se e transformar-se em um método governado por regras, uma *fundação*. "Eu diria que a desconstrução não perde nada ao admitir que é impossível."

Foucault: conhecimento e poder

O mais influente herdeiro do método "genealógico" de Nietzsche da análise conceitual é o filósofo e historiador francês **Michel Foucault** (1926-1984). Sua obra magna, *As palavras e as coisas* (subtitulada "Uma arqueologia das Ciências Humanas") reflete perfeitamente a visão nietzschiana do conhecimento como um projeto essencialmente **humano** para produzir a ordem a partir do caos.

Foucault enfatiza que nosso atual modo de pensar sobre nós mesmos é finito. Essa idéia encontra sua primeira expressão na observação de Nietzsche sobre os filósofos em *Humano, demasiado humano*. "...Eles involuntariamente pensam no 'homem' como uma *aeterna veritas* (uma verdade eterna), como alguma coisa que permanece constante no meio de todos os fluxos, como uma medida segura das coisas. Tudo que os filósofos declararam sobre o homem é, no entanto, nada mais que um testemunho sobre o homem de um período de tempo muito limitado."

Micro histórias de Foucault

Foucault considerou a relação da genealogia com a história e a filosofia em seu ensaio “Nietzsche, a genealogia e a história” (1971). Lembramos que Nietzsche pedira um estudo de “outras histórias” que são os fatos anônimos de nossas vidas diárias. Foucault cumpriu o pedido de Nietzsche escrevendo as micro histórias da loucura, da sexualidade e da punição.

O feito de Foucault foi expandir e documentar a preocupação central de Nietzsche: a **Vontade de Poder** como primeiro terreno do discurso humano — e particularmente o discurso do **conhecimento**.

Nietzsche e o pós-modernismo

A sombra de Nietzsche se estende para grande parte da teoria pós-moderna. **Jean-François Lyotard** (nascido em 1924) caracterizou de forma notória a condição pós-moderna (1979) como um desarranjo das tradicionais "grandes narrativas" do pensamento progressivo ocidental. A própria idéia de Verdade foi "descentrada". Mas agora que o "desejo pela verdade foi forçado a se examinar", estamos experimentando uma proliferação de teorias filosóficas e críticas de proporções epidêmicas. O próprio Nietzsche não teria aprovado.

(Pós-modernismo) Guerras teóricas

Jean Baudrillard (nascido em 1929) simultaneamente analisa e exemplifica esse perigoso evento: a explosão da teoria. Seus textos apocalípticos tanto criam como aniquilam seu objeto. Essas "guerras teóricas", como as guerras militares, enfurecem-se ao nosso redor, tal como Nietzsche predisse em *Ecce homo*.

Como Baudrillard lida com "a mentira" na base da estrutura de poder na sociedade?

O simulacro

Em 1981, Baudrillard declara que a realidade **morreu**. "O real" agora apenas é **simulado** por sinais. Vimos a previsão de Nietzsche sobre essa idéia da "desaparição" do mundo real (ver p. 140-1). Em uma tendência similar, Baudrillard delineia os quatro estágios ("genealogia") de sinais que levam à extinção pós-moderna da realidade:

*1. O sinal é o **reflexo** de uma realidade básica.*

*2. Depois ele **mascara** e **perverte** a realidade básica.*

*3. Então ele marca a **ausência** de uma realidade básica.*

*4. Finalmente ele não mantém **nenhuma relação** com qualquer realidade — ele é seu próprio e puro simulacro.*

Hiper-realidade pós-moderna

As quantidades epidêmicas de teorias pós-modernas, o sentido paranóico de existir em um vácuo hiper-real, não são simplesmente o resultado de "guerras teóricas" acadêmicas. Refletem a vertigem desesperada, uma tentativa de manter-se junto às revoluções pós-modernas em cosmologia, genética e tecnologia digital.

Eis um exemplo. Em fevereiro de 1997, uma ovelha (chamada apropriadamente de Dolly) foi clonada no Instituto Roslin de Edimburgo.

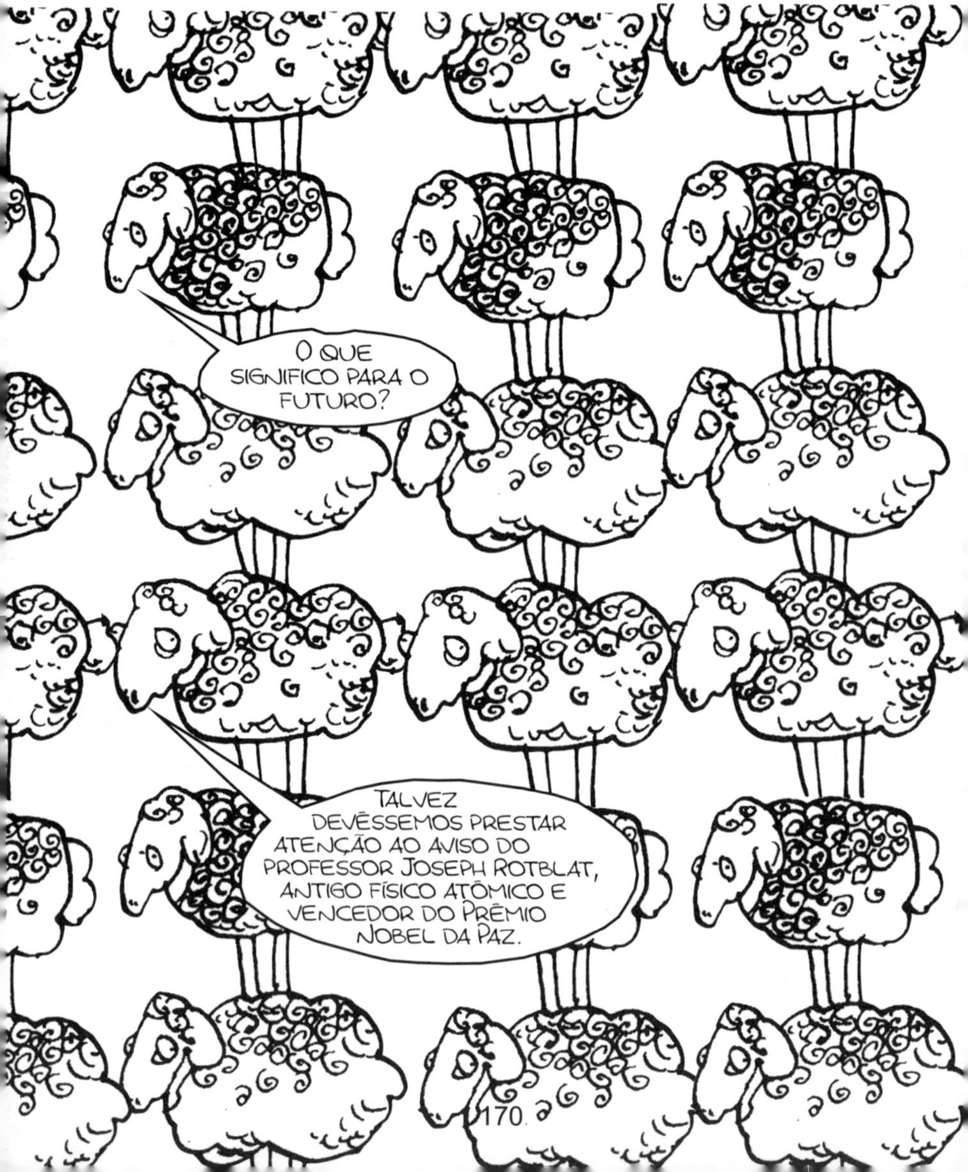

O professor Rotblat abandonou o projeto da bomba atômica de Los Alamos em 1944, moralmente angustiado pela destruição em massa que havia ajudado a conceber. Dedicou-se à pesquisa médica e à campanha antinuclear. Condenou a experiência genética da clonagem como não-ética.

Podemos creditar a Nietzsche a previsão de questionar o “progresso ilimitado” da ciência. “Qualquer verdade que ameaça a vida não é nenhuma verdade. É um erro.” (Ver p. 58.)

Nietzsche nos apresentou a questão vital: “Conhecimento — com que propósito?”

Uma fábula pós-moderna

Nietzsche parece ter antecipado nossas tristezas pós-modernas no seguinte retrato.

"O Don Juan do conhecimento... Ele não ama as coisas que conhece, mas tem espírito e apetite para a caça e as intrigas do conhecimento! — até que afinal não resta para ele nada de conhecimento para caçar exceto o absolutamente **pernicioso**; ele é como o bêbado que acaba bebendo absinto e aqua fortis. Assim, no final ele deseja o Inferno — é o último conhecimento que o seduz. E esse também se revela uma desilusão, como todo conhecimento!... pois todo o universo não tem mais nem uma simples migalha para dar a este homem faminto."

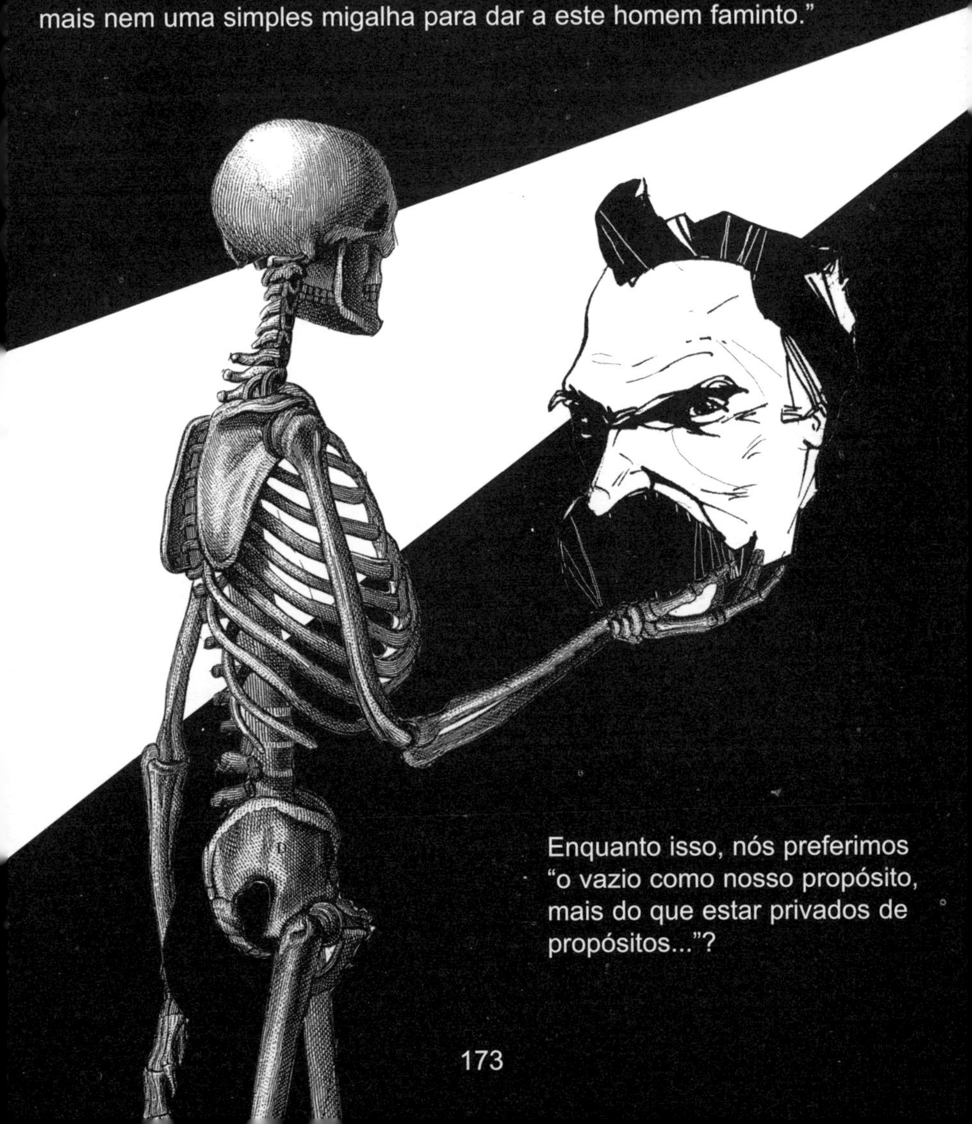

Enquanto isso, nós preferimos "o vazio como nosso propósito, mais do que estar privados de propósitos..."?

Laurence Gane ensina Filosofia no University College e no Kings College, Londres. Membro fundador da London Film-Makers Co-Op, é professor no Royal College of Art's e vive atualmente em Snowdonia, País de Gales.

Laurence Gane agradece a Chris Horrocks, Michael Tanner, Richard Appignanesi e ao fantasma de Michel Foucault. Suprema gratidão a Gabrielle por sua eterna provocação e fortaleza nietzscheana.

Piero, ilustrador e designer gráfico, ganhou duas vezes o prêmio de melhor ilustrador da Inglaterra no Royal College of Art's.

Índice remissivo

acadêmico, o 10, 37-8
aforismos 35, 38-9, 66, 92, 94, 107-8,1 12
alegre ciência, A ver gaia ciência, A
Além do bem e do mal 52, 96, 107, 153-4
alemães, Os 92, 94-5
altruísmo 46, 134
amo/escravo 115
amor 109
anarquistas 113
andarilho e sua sombra, O 42
AntiCristo, O 139, 143
Assim falou Zaratustra 50, 70-90, 118
autoconhecimento 120
  domínio 80-2
  obediência 86
auto-obediência, 86
autores 39

Baudrillard, Jean 141, 168-9
bom, origens do 134-5

ciência 58-9
círculo do tempo *ver* eterno retorno
clonagem 170-1
conhecimento 61, 75, 172-3
consciência 61, 130-3
Crepúsculo dos Ídolos 96, 139-40
Cristianismo 133, 141
cultura 27-9
cultura alemã 28

Darwin, Charles 62-3
deconstrução 140, 162-3
democracia 65
Derrida, Jacques 140, 162-3
Deus 55-8, 81, 154
Dionísio 13-14, 18
Dostoievski, Fiodor 132-3

Ecce Homo 72, 144
educação 26-8
espírito livre 87, 116
eterno retorno 43-5, 73, 88-90
ética
  da piedade 121-2
  do escravo 115, 117, 123, 125-9
  do nobre 116, 126-8
  naturalista 134
evolução 62-3
existencialismo 133, 159-61

fé 102
fenômenos 8, 31, 114
filologia 11
filosofia 18-20, 97-99, 156, 159-163
Förster-Nietzsche, Elizabeth 145-8
Foucault, Michel 164-6

gaia ciência, A 36, 56
Gast, Peter 23, 91, 132, 146
governantes 68, 106

Hegel, G. W. F. 115
Heidegger, Martin 158-9
hiper-realidade 170
hipocrisia 76
história, o abuso da 24-5
Hitler, Adolf 150
Humano, demasiado humano 24, 30, 32, 35, 41-2

ideal ascético 136-8
imperativo categórico 33-4

Judeus 92-3

Kafka, Franz 133
Kant, Immanuel 31-3
Kierkegaard, Søren 103
Kösehtz, Heinrich *ver* Gast, Peter

Lacan, Jacques 112
leitores 40
loucura 108
Lyotard, Jean-François 167

mal, o 107, 126
Maquiavel, Nicolau 68
Marxismo 113
medo 77
metafísica 30
moral 33-4, 54-5, 64, 105, 111-2
morte 44
mulheres 46-51
música 16-7

nacionalismo 151
nascimento da tragédia, O 12
Nazistas 147-9
Nietzsche
  adição às drogas 119
  autobiografia 72
  caso de amor 50
  colapso 144-6
  morte 146
  primeiros anos 4-6
  professor 11
  saúde ruim 25, 41, 47
  título 11
  torna-se conhecido 142
niilismo 75, 121, 138
noumena 8, 31

padres 124-7
paradoxo da democracia, O 65
Pascal, Blaise 98
pensamento 36-39, 61, 66, 114
piedade 121-23
poder 67-9, 84-6
política 64-9
pós-modernismo 113, 167-73
psicanálise 61, 152-55

racismo 150
rebanho,o poder do 54
religião 100-02
  ver também Cristianismo; Deus
Richard Wagner in Bayreuth 19

Sartre, Jean-Paul 160
Schopenhauer, Arthur 7-9, 22, 84, 90
Ser 158-9
simulacrum 141
sofrimento 104
Spinoza, Baruch 99
Strindberg, August 142-3
Super-homem 78-84

teleologia 29
Tornar-se 33

valores 117, 125, 139
verdade 68-9, 110, 166
virtude 53, 76
Vontade 8-9
Vontade de poder 84-6, 155, 166

Wagner, Richard 19-23
  morte 91
Wittgenstein, Ludwig 112, 156-7

Este livro foi composto em Arial, corpo 10 e PauloScript corpo 8.
Impresso pela Lis Gráfica sobre papel Offset 90g,
em junho de 2007.